MANUAL DE PRONUNCIACION
INGLESA
COMPARADA CON LA ESPAÑOLA

**FRANCISCO SANCHEZ BENEDITO**

Profesor de inglés de la Escuela Oficial de Idiomas
de Málaga

# MANUAL DE PRONUNCIACION
# INGLESA
# COMPARADA CON LA ESPAÑOLA

*Primera edición, 1976*

EDITORIAL ALHAMBRA, S. A.
R. E. 182
Madrid-1. Claudio Coello, 76

*Delegaciones:*
Barcelona-8. Enrique Granados, 61
Bilbao-14. Doctor Albiñana, 12
La Coruña. Pasadizo de Pernas, 13
Málaga. La Regente, 5
Sevilla-12. Reina Mercedes, 35
Valencia-3. Cabillers, 5

México

    Editia Mexicana, S. A.
    México-6. D.F. Lucerna, 84 - 105
    Apartado 61-261

Rep. Argentina

    Editorial Siluetas, S. A.
    Buenos Aires-1201. Bartolomé Mitre, 3745/49

Perú

    Editia Peruana, S. R. Ltda.
    Lima. José Díaz, 208

n c  13600330

Francisco Sánchez Benedito

ISBN 84-205-0313-4

Depósito legal: M. 34.449-1976

Impreso por GREFOL, S. A., Móstoles (Madrid)

# INDICE GENERAL

# PROLOGO

El sistema fonológico de una lengua es no sólo uno de los aspectos más difíciles para el estudiante extranjero y, en consecuencia, uno de los que más atención requiere para su estudio, sino también uno de los que, por razones obvias, resulta de mayor complejidad para el alumno medio. Por ello, un trabajo como el de Francisco Sánchez Benedito (estudio comparativo de los sistemas fonológicos español e inglés, siguiendo las líneas de pensamiento de los lingüistas contrastivos más recientes) debe necesariamente resultar del mayor interés para el estudiante español de lengua inglesa.

El autor es hombre eternamente preocupado por los problemas de la lengua inglesa y su enseñanza a alumnos españoles, como lo demuestran sus trabajos ya publicados, su labor como Vicedirector de la Escuela Oficial de Idiomas de Málaga y sus permanentes contactos con el mundo de la enseñanza de los idiomas en sus distintos niveles.

No me cabe la menor duda de que este nuevo estudio de Sánchez Benedito será recibido por los estudiantes a quienes va dirigido con el mismo interés y dedicación con que el autor lo ha escrito.

Madrid, febrero 1976

JUAN ANTONIO OLLERO
Director de la E. O. I. de Madrid

# 1

# INTRODUCCION

## 1. SONIDO Y FONEMA

De la inmensa cantidad de sonidos que los órganos de articulación del hombre son capaces de emitir, cada idioma se vale sólo de unos cuantos para distinguir unas palabras de otras. Sean, por ejemplo, en español, las frases:

Tengo un pero
Tengo un perro

A pesar de variar tan sólo en un sonido, cualquier nativo español se da perfecta cuenta de que se trata de dos frases distintas. Esto se debe a que en español la *r* y la *rr* constituyen dos fonemas diferentes. Pero esto no tiene por qué ser así en todos los idiomas: En inglés, sin ir más lejos, sólo existe un fonema /r/, pronunciado generalmente con sonido fricativo, aunque existe la variante vibrante simple, similar a la *r* española. Así, la palabra *lorry* (camión) puede pronunciarse con *r* fricativa o *r* vibrante simple, sin que cambie para nada su significado. Es más, aunque un inglés oyera a un español pronunciar *lorry* con una *rr* vibrante múltiple, se daría cuenta que había un defecto de pronunciación, pero seguiría entendiéndolo (camión).

Definiremos, pues, el *fonema* como la unidad mínima de sonido que sirve para distinguir unas palabras de otras dentro de un idioma.

Lo primero que tiene que aprender, por consiguiente, el alumno que estudia una lengua extranjera son sus fonemas, que pueden no coincidir con los de su lengua materna. Este es el caso del español que estudia inglés: si bien encuentra fonemas comunes a ambas lenguas, como la /m/, hay otros totalmente extraños a sus oídos, como la /ʃ/, generalmente escrito *sh*. Toda persona, cualquiera que sea su nacionalidad, tiene tan arraigada la conciencia de los fonemas de su lengua materna, que le cuesta un esfuerzo considerable adaptarse al

*9*

sistema de una lengua nueva. Tanto cuando habla como cuando escucha el idioma extranjero, tiende a asimilar, sin darse cuenta, los fonemas de dicho idioma a los del suyo propio, con los que está familiarizado. Este defecto sólo se corrige a base de un adecuado entrenamiento de oído.

Hay, además, para el español estudiante de inglés, una doble dificultad adicional que superar:

1) A veces, una misma grafía esconde dos fonemas distintos en inglés y en español. Así, la /t/ es *dental* en español y *alveolar* en inglés. El español que se deja guiar por lo que ve escrito tiende a pronunciar cualquier palabra inglesa que lleve este fonema con una *t* dental.

2) La distribución de los fonemas es diferente en los dos idiomas. Así, aunque ambos tienen el fonema /p/, su uso en posición final es extremadamente raro en español y muy frecuente, en cambio, en inglés. Esto hace que, a menos de recibir el adecuado entrenamiento de oído, los finales en /p/, /t/, /k/, etc., le suenan al español prácticamente de igual forma y le cuesta el mismo trabajo reproducirlos.

En consecuencia, si se quiere llegar a dominar la lengua inglesa, lo primero que hay que hacer es aprender a distinguir y reproducir sus fonemas.

## 2. FONETICA Y FONOLOGIA

Hemos visto que sonidos del lenguaje son todos aquellos que los órganos de articulación del hombre son capaces de emitir, mientras que fonemas de una lengua son solamente aquellos sonidos de los que ésta se vale para distinguir unas palabras de otras. Pues bien, *Fonética* es la ciencia que estudia los sonidos del lenguaje, quedando reservado a la *Fonología* el estudio de los fonemas de una lengua. La fonología inglesa estudiará, pues, el conjunto de fonemas usados en inglés o, lo que es lo mismo, su *sistema fonológico*.

## 3. FONEMA Y ALOFONOS

Un mismo fonema no tiene por qué pronunciarse de la misma manera en todos los casos. Puede pronunciarse de modo diferente, según sea su posición en la palabra o según el sonido que le siga o anteceda. Sean las palabras españolas:

las dos llevan el fonema /b/, sin embargo, a velocidad normal, la primera *b* se pronuncia con un sonido fricativo, y la segunda, con uno oclusivo, como se puede comprobar fijándose en la posición respectiva de los labios. Este hecho, del que el español puede no percatarse siquiera, a menos que se le llame la atención sobre el mismo, pero que no le impide pronunciar correctamente en cada caso, por intuición, está sujeto, no obstante, a unas reglas precisas:

La /b/ española es oclusiva en posición inicial, después de pausa y detrás de sonido nasal en interior de palabra o frase.

La /b/ española es fricativa en todos los demás casos.

Se trata, en suma, de dos *alófonos* de un mismo fonema:

Es un solo fonema, porque no existen dos palabras en español que se distingan sólo porque una lleve una *b* oclusiva y otra, una fricativa. Tanto si pronunciamos "caballo" con una *b* fricativa, como si usamos una *b* oclusiva, como de hecho ocurre si la pronunciamos despacio, sílaba por sílaba, tendremos la misma palabra. Son, simplemente, dos alófonos de un mismo fonema, o, dicho de otro modo, dos realizaciones distintas de un mismo fonema.

Los alófonos pueden encontrarse en *distribución complementaria* o en *distribución libre.*

Se dice que se encuentran en distribución complementaria cuando es la posición la que condiciona el uso de uno u otro alófono. Este es el caso de la *b* española, explicado más arriba.

Se dice que se encuentran en distribución libre cuando puede usarse indiferentemente cualquiera de los alófonos en la misma posición, como ocurre con la *r* inglesa.

Es de suma importancia, a la hora de aprender la pronunciación inglesa, estudiar todos los fonemas con sus alófonos correspondientes, especialmente aquellos que se encuentran en distribución complementaria, ya que su uso viene condicionado, en cada caso, por la posición que ocupan en la palabra. Así, en inglés hay un fonema /l/ con dos alófonos: una *l* clara y otra oscura. Pero estos dos alófonos de la *l* están en distribución complementaria, es decir, la *l* se pronuncia siempre oscura en final de palabra o delante de consonante, y siempre clara en principio de palabra o delante de vocal:

*lip* /lip/, *foolish* /'fuliʃ/, se pronuncian siempre con *l* clara
*bell* /bel/, *called* /kɔːld/, se pronuncian siempre con *l* oscura

# 4. TRANSCRIPCION FONETICA

Consiste la transcripción fonética en la adopción de un signo para cada fonema. En un idioma como el inglés, en que la pronunciación no se ajusta a unas reglas fijas, es muy útil disponer de signos que permitan en cada caso conocer la pronunciación exacta de las palabras. La transcripción fonética o, hablando con mayor propiedad, fonológica, puede ser ancha o estrecha. La transcripción fonética ancha sólo representa los fonemas, mientras que la estrecha tiene también en cuenta los alófonos de cada fonema.

Hay varios sistemas de transcripción conocidos, siendo el de más amplia difusión el ideado por la Asociación Fonética Internacional. Dentro de éste, y en su aplicación al inglés, la variante más conocida es la preconizada por el profesor DANIEL JONES*, que es la que hemos adoptado para este libro.


# 5. LOS FONEMAS DEL INGLES

Es costumbre distinguir en inglés, a efectos prácticos de enseñanza, cuarenta y cuatro fonemas, distribuidos como sigue:

### Doce fonemas vocálicos

| | | | |
|---|---|---|---|
| /iː/ | como en | cheese | /tʃiːz/ |
| /i/ | como en | ship | /ʃip/ |
| /e/ | como en | pen | /pen/ |
| /æ/ | como en | mad | /mæd/ |
| /ɑː/ | como en | car | /kɑː/ |
| /ɔ/ | como en | hot | /hɔt/ |
| /ɔː/ | como en | horse | /hɔː s/ |
| /u/ | como en | good | /gud/ |
| /uː/ | como en | moon | /muːn/ |
| /ʌ/ | como en | cut | /kʌt/ |
| /əː/ | como en | bird | /bəːd/ |
| /ə/ | como en | better | /ˈbetə/ |

### Ocho fonemas diptongales

| | | | |
|---|---|---|---|
| /ei/ | como en | cake | /keik/ |
| /əu/ | como en | road | /rəud/ |
| /ai/ | como en | like | /laik/ |
| /au/ | como en | now | /nau/ |
| /ɔi/ | como en | oil | /ɔil/ |
| /iə/ | como en | dear | /diə/ |
| /ɛə/ | como en | fair | /fɛə/ |
| /uə/ | como en | poor | /puə/ |

---

* Máxima autoridad en fonética inglesa, ya fallecido (véase bibliografía).

## Veinticuatro fonemas consonánticos

| | | | |
|---|---|---|---|
| /p/ | como en | *pipe* | /paip/ |
| /b/ | como en | *boat* | /bəut/ |
| /t/ | como en | *tail* | /teil/ |
| /d/ | como en | *day* | /dei/ |
| /k/ | como en | *coke* | /kəuk/ |
| /g/ | como en | *goat* | /gəut/ |
| /f/ | como en | *five* | /faiv/ |
| /v/ | como en | *love* | /lʌv/ |
| /θ/ | como en | *thumb* | /θʌm/ |
| /ð/ | como en | *this* | /ðis/ |
| /s/ | como en | *sun* | /sʌn/ |
| /z/ | como en | *rose* | /rəuz/ |
| /ʃ/ | como en | *she* | /ʃi:/ |
| /ʒ/ | como en | *pleasure* | /'pleʒə/ |
| /r/ | como en | *ring* | /riŋ/ |
| /h/ | como en | *hat* | /hæt/ |
| /tʃ/ | como en | *chap* | /tʃæp/ |
| /dʒ/ | como en | *joke* | /dʒəuk/ |
| /l/ | como en | *lamb* | /læm/ |
| /m/ | como en | *some* | /sʌm/ |
| /n/ | como en | *tin* | /tin/ |
| /ŋ/ | como en | *thing* | /θiŋ/ |
| /w/ | como en | *water* | /'wɔ:tə/ |
| /j/ | como en | *yes* | /jes/ |

Contrasta la complejidad del sistema vocálico inglés (doce fonemas) con la simplicidad del español (cinco fonemas) (véase capítulo 2).

En cuanto a las consonantes (véase cuadro comparativo, capítulo 4), en inglés existen algunos fonemas (ð, z, dʒ, ŋ, j, w) que sólo se dan como alófonos en español.

Hay otros fonemas que no se dan en absoluto en nuestro idioma (ʃ, ʒ, v, h).

El español, por su parte, cuenta con otros fonemas (y, x, ʎ, ɾ) que no existen en inglés.

### 6. EL ALFABETO INGLES

Es conveniente saber el nombre de las letras del alfabeto inglés para poder deletrear *(to spell)* las palabras inglesas:

| | | | |
|---|---|---|---|
| a | /ei/ | n | /en) |
| b | /bi:/ | o | /əu/ |
| c | /si:/ | p | /pi:/ |
| d | /di:/ | q | /kju:/ |
| e | /i:/ | r | /ɑ:/ |
| f | /ef/ | s | /es/ |
| g | /dʒi:/ | t | /ti:/ |
| h | /eitʃ/ | u | /ju:/ |
| i | /ai/ | v | /vi:/ |
| j | /dʒei/ | w | /'dʌblju:/ |
| k | /kei/ | x | /eks/ |
| l | /el/ | y | /wai/ |
| m | /em/ | z | /zed/, /zi:/ |

## 7. CONCEPTO DE PAR MINIMO

En fonética, se denomina *par mínimo* a un par de palabras que varían en un solo fonema en la misma posición:

| | |
|---|---|
| mat / mad | /mæt/ /mæd/ |
| cut / cat | /kʌt/ /kæt/ |
| day / they | /dei/ /ðei/ |

El concepto de "par mínimo" es muy útil a la hora de contrastar unos fonemas con otros.

## 8. ORGANOS DEL HABLA

Los encargados de producir los sonidos son los órganos de la articulación u órganos del habla. Son éstos:

1) Los pulmones - *The lungs* /ðə 'lʌŋz/
2) La laringe - *The larynx* /ðə 'læriŋks/
3) Las cuerdas vocales - *The vocal chords* /ðə 'vəukl 'kɔ:dz/
4) La cavidad bucal - *The mouth cavity* /ðə 'mauθ 'kæviti/
5) La cavidad nasal - *The nasal cavity* /ðə 'neizl 'kæviti/

Dentro de la cavidad bucal se encuentran:

*a)* Organos pasivos (están fijos):

dientes superiores - *upper teeth* /'ʌpə 'ti:θ/
alvéolos - *teeth ridge* /'ti:θ 'ridʒ/
paladar duro - *hard palate* /'hɑ:d 'pælit/

*b)* Organos activos (se mueven):

velo del paladar - *soft palate* /'sɔft 'pælit/
lengua - *tonge* /tʌŋg/
labios - *lips* /lips/

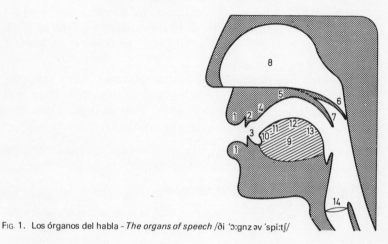

FIG. 1. Los órganos del habla - *The organs of speech* /ði 'ɔ:gnz əv 'spi:tʃ/

1) Labios - *lips* /lips/
2) Dientes superiores - *upper teeth* /'ʌpə 'ti:θ/
3) Dientes inferiores - *lower teeth* /'ləuə 'ti:θ/
4) Alvéolos - *teeth ridge* /'ti:θ 'ridʒ/
5) Paladar duro - *hard palate* /'hɑ:d 'pælit/
6) Velo del paladar (levantado) - *soft palate (raised)* /'sɔft 'pælit ('reizd)/
7) Velo del paladar (bajado) - *soft palate (lowered)* /'sɔft 'pælit 'ləuəd/
8) Cavidad nasal - *nasal cavity* /'neizl 'kæviti/
9) Lengua - *tongue* /tʌŋg/
10) Apice de la lengua - *tip of the tongue* /'tip əv ðə 'tʌŋg/
11) Predorso - *blade* /bleid/
12) Dorso - *front* /frʌnt/
13) Postdorso - *back* /bæk/
14) Cuerdas vocales y glotis - *vocal chords and glottis* /'vaukl 'kɔ:dz ənd 'glɔtis/

## 9. FACTORES FUNDAMENTALES EN LA PRODUCCION DE SONIDOS

Cuatro son los factores fundamentales que entran en la producción de los alófonos ingleses:

1) **modo de articulación**: cómo se produce el alófono; p. ej., la *p,* por medio de una oclusión del aire.

15

2) **punto de articulación:** órganos que intervienen directamente en la producción del sonido; p. ej., en la *p,* los dos labios.

3) **actividad de las cuerdas vocales:** las cuerdas vocales pueden estar separadas o juntas. Si están separadas, el aire pasa sin producir vibración, produciendo un sonido sordo; p. ej., la *p.* Si están juntas, el aire, al forzar su paso a través de ellas, produce vibración y el sonido correspondiente es sonoro; p. ej., la *b.*

4) **actividad de la cavidad nasal:** el velo del paladar está normalmente levantado, por lo que el aire sale por la boca, y el sonido producido es oral; p. ej., la *l.* Si se baja, el aire sale por la nariz y el sonido producido es nasal; p. ej., la *n.*

De estos cuatro factores, los tres primeros son fundamentales para la clasificación de los fonemas consonánticos ingleses:

la /p/ es oclusiva, bilabial, sorda.

Las vocales son siempre sonoras, por lo que su clasificación depende sólo de los dos primeros factores: modo de articulación y punto de articulación:

la /i:/ es cerrada y anterior.

El cuarto factor no es determinante en inglés, al no haber fonemas vocálicos que se distingan por el contraste oral/nasal, como ocurre en francés.

### 10. PRONUNCIACION ESTANDAR O "GENERAL BRITISH PRONUNCIATION"*

El inglés no se pronuncia siempre exactamente igual en todas partes, como sería de desear. Hay diferencias propias de cada país, pudiendo hablarse de pronunciación británica (o acento británico), norteamericana, australiana, canadiense, etc. Incluso dentro de un país, las diferencias son también notables: inglés, escocés, galés, londinense, del norte, del sur, etc. La pronunciación descrita en este libro es la del sureste de Inglaterra, usada casi uniformemente por las personas de nivel cultural elevado. Es la usada por el profesor DANIEL JONES en su famoso diccionario (véase bibliografía). Suele dársele en inglés el nombre de *General British Pronunciation* (GB).

---

\* También conocida con el nombre de *Received Pronunciation* (RP).

Este tipo de pronunciación, que goza de gran prestigio en el mundo de habla inglesa, es la empleada, por ejemplo, por los locutores de la BBC (radio y televisión inglesas) en programas nacionales. Es, en suma, la que más se aproxima a lo que podíamos llamar "pronunciación inglesa estándar" y, por tanto, la que juzgamos de más amplia utilidad.

# 2

## LAS VOCALES

### 1. FACTORES DETERMINANTES PARA LA CLASIFICACION DE LAS VOCALES

De los cuatro factores fundamentales para la producción de sonidos solamente dos (el modo de articulación y el punto de articulación) son significativos a la hora de clasificar las vocales inglesas, como ocurre con las españolas. La actividad de las cuerdas vocales no es determinante en este caso, ya que todas las vocales son sonoras. Tampoco lo es la actividad de la cavidad nasal, porque a diferencia de otros idiomas, el francés por ejemplo, ni en inglés ni en español existen fonemas vocálicos nasales.

### 2. EL TRIANGULO DE HELLWAG

A fin de poder expresar de una manera gráfica los diferentes fonemas vocálicos fundamentales nos valemos del *triángulo de Hellwag*. Hellwag ideó un triángulo que representara la boca y las distintas posiciones de la lengua al emitir las vocales. De este modo, las vocales se denominan:

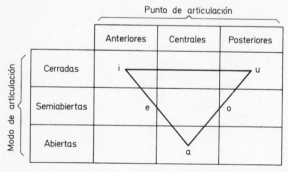

FIG. 2.

*cerrada* o *abierta,* según que la lengua se aproxime más o menos a la parte superior de la boca;

*anterior* o *posterior,* según sea la parte frontal o la posterior de la lengua la que se levante hacia la parte superior de la boca.

En la figura 2 podemos ver la posición de los fonemas vocálicos españoles.

Podemos representar del mismo modo los fonemas vocálicos ingleses, aunque debido a su mayor complejidad (son doce en vez de cinco) quedan reflejados con más claridad en un paralelepípedo.

|  | Anteriores (Front) | Centrales (Central) | Posteriores (Back) |
|---|---|---|---|
| Cerradas (Close) | i: | | u: |
| Semicerradas (Half-close) | i | | u |
| | e | ə· / ə | ɔ: |
| Semiabiertas (Half-open) | æ | ʌ | |
| Abiertas (Open) | | a: | ɔ |

Fig. 3.

Según el gráfico anterior (Fig. 3) podemos establecer la definición de vocales inglesas de acuerdo con los dos factores fundamentales (punto de articulación y modo de articulación) como sigue (numeramos las vocales para su más rápida identificación):

Vocal núm. 1 = i:      anterior - cerrada; *front-close.*

Vocal núm. 2 = i      anterior - semicerrada; *front - half-close.*

Vocal núm. 3 = e      anterior - entre semicerrada y semiabierta; *front - between half-close and half-open.*

Vocal núm. 4 = æ      anterior - semiabierta; *front - half-open.*

Vocal núm. 5 = a:      posterior - abierta; *back - open.*

Vocal núm. 6 = ɔ      posterior - abierta; *back - open.*

Vocal núm. 7 = ɔ:      posterior entre semicerrada y semiabierta; *back between half-open and half-close.*

Vocal núm. 8 = u      posterior - semicerrada; *back half-close.*

Vocal núm. 9 = u:      posterior - cerrada; *back - close.*

Vocal núm. 10 = ʌ      central - semiabierta; *central - half-open.*

Vocal núm. 11 = ə:      central entre semicerrada y semiabierta; *central between half-close and half-open.*

Vocal núm. 12 = ə      central entre semicerrada y semiabierta; *central between half-close and half-open.*

Véase en el siguiente gráfico (Fig. 4) la posición de los fonemas vocálicos españoles (representados entre paréntesis) comparada con la de los ingleses:

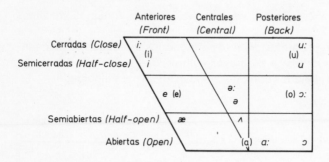

FIG. 4.

## 3. OTROS FACTORES IMPORTANTES PARA LA DESCRIPCION DE LAS VOCALES INGLESAS

Los dos factores fundamentales ya reseñados (modo de articulación, punto de articulación) no bastan para aprender a producir las vocales inglesas. Otros factores igualmente importantes son:

- redondeamiento o no de los labios,
- separación de las mandíbulas,
- longitud de la vocal.

Así, el alumno español, para pronunciar correctamente la vocal inglesa núm. 6 /ɔ/, por ejemplo, debe aprender que, además de ser abierta y posterior, los labios deben ponerse ligeramente redondeados, y para pronunciar la vocal núm. 10 /ʌ/ es fundamental separar ampliamente las mandíbulas.

En cuanto a la longitud de la vocal, si bien es cierto que hay vocales como la núm. 1 /i:/ o la núm. 9 /u:/ que son por naturaleza algo más largas, este factor, tomado por sí solo, no sirve nunca para diferenciarlas de las otras vocales. Por otra parte, dentro de la cadena hablada, una vocal cualquiera en posición final absoluta* o delante de consonante sonora es siempre más larga que cuando precede a una consonante sorda.

---

* Por este motivo la mayoría de las vocales cortas no suelen darse en esta posición.

# 4. VOCAL NUM. 1 /iː/

## Características

cerrada - *close*
anterior - *front*
labios extendidos - *spread lips*
separación estrecha de las mandíbulas - *narrow opening of the jaws*

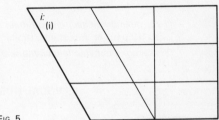

FIG. 5.

Es relativamente larga, sobre todo en posición final absoluta o delante de consonante sonora.

## Comparación con el español

La /iː/ inglesa es anterior y cerrada como la española, pero el hecho de ser algo más cerrada y pronunciarse con los labios más extendidos le da una cierta tensión característica que la hace diferente. La *i* de la palabra "hilo", pronunciada con cierto énfasis, se parece algo a la /iː/ inglesa.

## Realizaciones ortográficas *(spellings)* O

La /iː/ puede presentarse escrita de las siguientes maneras:

**más frecuentes**

> **ee** - *tree* /triː/; *green* /griːn/; *sheep* /ʃiːp/
> **ea** - *tea* /tiː/; *meat* /miːt/; *read* /riːd/

**de menor frecuencia**

ie - *piece* /piːs/; *field* /fiːld/; *thief* /θiːf/
ei, ey - *seize* /siːz/; *receive* /riˈsiːv/; *key* /kiː/
e - *he* /hiː/; *me* /miː/; *complete* /kəmˈpliːt/
i - *machine* /məˈʃiːn/; *police* /pəˈliːs/
varios - *quay* /kiː/; *people* /ˈpiːpl/

*Frases para practicar* O

- *We can see three green trees in the field* /wiː kən ˈsiː ˈθriː ˈgriːn ˈtriːz in ðə ˈfiːld/

- *These peas are cheap, but the meat and the cheese are not so cheap* /ˈðiːz ˈpiːz ə ˈtʃiːp bʌt ðə ˈmiːt ənd ðə ˈtʃiːz ˈɑːnt sɔu ˈtʃiːp/

- *Please, don't put your feet on the seat* /ˈpliːz ˈdəunt ˈput jə ˈfiːt ɔn ðə ˈsiːt/

## 5. VOCAL NUM. 2 /i/

*Características*

semicerrada – *half-close*
anterior – *front*
labios neutros – *neutral lips*
separación de las mandíbulas, de estrecha a media – *narrow to medium opening of the jaws*

Es corta, sobre todo delante de consonante sorda.

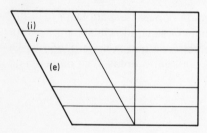

Fig. 6.

*Comparación con el español*

La /i/ inglesa queda a mitad de camino entre la *i* y la *e* españolas. Es más abierta que la *i* española, sin llegar a serlo tanto como la *e*.

*Contraste* /iː/ - /i/ O

Estas dos vocales son completamente distintas, no sólo porque la primera es relativamente larga y la segunda corta, sino porque la /iː/ es más cerrada que la /i/ y además se pronuncia con los labios extendidos, y no neutros; practíquese con los siguientes pares mínimos:

| /iː/ | | /i/ | |
|------|------|------|------|
| cheap | /tʃiːp/ | chip | /tʃip/ |
| feet | /fiːt/ | fit | /fit/ |
| leave | /liːv/ | live | /liv/ |
| eat | /iːt/ | it | /it/ |
| steal | /stiːl/ | still | /stil/ |
| green | /griːn/ | grin | /grin/ |

**Realizaciones ortográficas** *(spellings)* **O**

**más frecuentes**

   i   −   *sit* /sit/; *rich* /ritʃ/; *tip* /tip/
   y   −   *city* /'siti/; *pity* /'piti/; *belly* /'beli/
  ie  −   *ladies* /'leidiz/; *bodies* /'bɔdiz/; *armies* /'aːmiz/

**de menor frecuencia**

     e    −   *pretty* /'priti/; *pocket* /'pɔkit/; *wanted* /'wɔntid/
  varios  −  *village* /'vilidʒ/; *private* /'praivit/; *build* /bild/
              *Sund*a*y* /'sʌndi/; *business* /'biznis/; *coffee* /'kɔfi/
              *busy* /'bizi/; *women* /'wimin/; *minute* /'minit/

**Frases para practicar** **O**

− He still lives by the mill on the hill /hi 'stil 'livz bai ðə 'mil ɔn ðə 'hil/
− Will this bit fit? /wil 'ðis 'bit 'fit/
− It's a pity Jim didn't pay the bill /its ə 'piti 'dʒim 'didənt 'pei ðə 'bil/

## 6. VOCAL NUM. 3 /e/

*Características*

entre semicerrada y semiabierta − *between half-close and half-open*
anterior − *front*
labios ligeramente extendidos − *slightly spread lips*
separación media de las mandíbulas − *medium opening of the jaws*

Es corta, sobre todo delante de consonante sorda.
No se da en posición final absoluta.

*Comparación con el español*

La /e/ inglesa es muy parecida a la española. La única diferencia es que en inglés no aparece nunca en posición final absoluta. En esta posición, la *e* española es algo más abierta que la *e* inglesa.

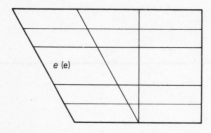

Fɪɢ. 7.

*Realizaciones ortográficas (spellings)*  O

**más frecuentes**

    **e** — *leg* /leg/; *sell* /sel/; *men* /men/

**de menor frecuencia**

    **ea** — *dead* /ded/; *head* /hed/; *breath* /breθ/
    varios — *many* /'meni/; *any* /'eni/; *said* /sed/; *friend* /frend/; *bury* /'beri/; *again* /ə'gen/; *Thames* /'temz/; *ate* /et/

*Frases para practicar*

— *Send ten pens to the men* /'send 'ten 'penz tə ðə 'men/
— *Lend Ben your red pencil* /'lend 'ben jə 'red 'pensil/
— *I said he's my best friend and my guest* /ai 'sed hiːz mai 'best 'frend and mai 'gest/

## 7. VOCAL NUM. 4 /æ/

*Características*

semiabierta — *half-open*
anterior — *front*
labios neutros — *neutral lips*
separación de las mandíbulas de media a ancha — *medium to wide opening of the jaws*

24

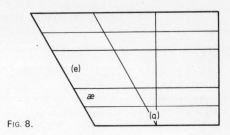

FIG. 8.

Es corta, sobre todo delante de consonante sorda.
No se da en posición final absoluta.

### Comparación con el español

La /æ/ se encuentra a mitad de camino entre la *e* y la *a* españolas;
es más abierta que la *e,* pero más cerrada que la *a.* La mejor manera
de producirla es apoyando la lengua detrás de los dientes inferiores,
en posición para articular *a,* e intentar pronunciar una *e.* El sonido
emitido, si se exagera y alarga, se asemeja algo al balido de una oveja.

### Contraste /e/ - /æ/  ○

La /æ/ es más abierta que la /e/ aunque se asemeja más a la *a.*

| /e/ - /æ/ | |
|---|---|
| *men* / *man* | /men/ /mæn/ |
| *bed* / *bad* | /bed/ /bæd/ |
| *said* / *sad* | /sed/ /sæd/ |
| *head* / *had* | /hed/ /hæd/ |
| *dead* / *dad* | /ded/ /dæd/ |
| *pet* / *pat* | /pet/ /pæt/ |

### Realizaciones ortográficas *(spellings)*  ○

**a** – *bad* /bæd/; *black* /blæk/; *packet* /'pækit/; *badge* /'bædʒ/

### Frases para practicar  ○

– *That fat man has a hat and a bag* /'ðæt 'fæt mæn həz ə 'hæt ənd ə 'bæg/
– *The cat sat on the mat* /ðə 'kæt 'sæt ɔn ðə 'mæt/
– *Dad was mad to do that* /'dæd wəz 'mæd tə 'du: 'ðæt/

# 8. VOCAL NUM. 5 /ɑ:/

## Características

abierta – *open*
posterior – *back*
labios neutros – *neutral lips*
separación ancha de las mandíbulas – *wide opening of the jaws*

Es relativamente larga, sobre todo en posición final absoluta o delante de consonante sonora.

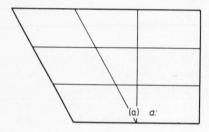

(a)    ɑ:

Fıɢ. 9.

## Comparación con el español

La /ɑ:/ inglesa suena de un modo ligeramente distinto al de la española, por ser posterior. El español debe cuidar de pronunciar la /ɑ:/ inglesa plenamente abierta y más posterior que la española. El sonido producido, si se exagera, se parece al emitido cuando el médico nos introduce una cucharilla en la boca para examinar la garganta y nos manda decir = *aaahhh...*

## Contraste /æ/ - /ɑ:/ o

La /æ/ es anterior y la /ɑ:/ posterior.
La /æ/ es semiabierta y la /ɑ:/ abierta.

| /æ/ | /ɑ:/ | |
|---|---|---|
| had | hard | /hæd/ /hɑ:d/ |
| pack | park | /pæk/ /pɑ:k/ |
| ant | aunt | /ænt/ /ɑ:nt/ |
| hat | heart | /hæt/ /hɑ:t/ |
| cat | cart | /kæt/ /kɑ:t/ |

## Realizaciones ortográficas *(spellings)* o

**más frecuentes**

> **ar** – *car* /kɑː/; *far* /fɑː/; *garden* /ˈgɑːdn/; *party* /ˈpɑːti/

**otras de menor frecuencia**

> **a + ss** – *glass* /glɑːs/; *pass* /pɑːs/; *grass* /grɑːs/
> **a + st/lf/nt/th** – *past* /pɑːst/; *half* /hɑːf/;
>        *can't* /kɑːnt/; *bath* /bɑːθ/
> varios – **au**nt /ɑːnt/; *laugh* /lɑːf/;
>     *heart* /hɑːt/; *clerk* /klɑːk/;
>     *Derby* /ˈdɑːbi/; *sergeant* /ˈsɑːdʒənt/

*Frases para practicar*

> – *Father can't park his car* /ˈfɑːðə ˈkɑːnt ˈpɑːk hiz ˈkɑː/
> – *My aunt laughed in her bath* /mai ˈɑːnt ˈlɑːft in hə: ˈbɑːθ/
> – *The dance starts at half past* /ðə ˈdɑːns ˈstɑːts ət ˈhɑːf ˈpɑːst/

## 9. VOCAL NUM. 6 /ɔ/

*Características*

abierta – *open*
posterior – *back*
labios ligeramente redondeados – *slightly rounded lips*
separación ancha de las mandíbulas – *wide opening of the jaws*

Es corta, sobre todo delante de consonante sorda. Como la mayoría de las vocales cortas, no se da en posición final absoluta.

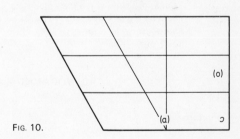

Fɪɢ. 10.

*Comparación con el español*

La *o* española, además de ser más cerrada que la /ɔ/ inglesa, se pronuncia con los labios algo más redondeados y la separación de las mandíbulas es menor.

***Contraste*** /ɑ:/ - /ɔ/ **O**

Las dos son abiertas y posteriores, pero la /ɔ/, además de ser algo más posterior que la /ɑ:/, se pronuncia con los labios ligeramente redondeados y con las mandíbulas ampliamente separadas.

| /ɑ:/ | /ɔ/ | |
|------|------|------|
| *part* | *pot* | /pɑ:t/ /pɔt/ |
| *cart* | *cot* | /kɑ:t/ /kɔt/ |
| *lark* | *lock* | /lɑ:k/ /lɔk/ |
| *heart* | *hot* | /hɑ:t/ /hɔt/ |
| *dark* | *dock* | /dɑ:k/ /dɔk/ |

***Realizaciones ortográficas*** *(spellings)* **O**

**más frecuentes**

o – *hot* /hɔt/; *rock* /rɔk/; *gone* /gɔn/;
*bottle* /'bɔtl/; *doctor* /'dɔktə/;
*bottom* /'bɔtəm/

**de menor frecuencia**

a (precedida de **w** o **qu**) – *was* /wɔz/ (forma fuerte); *want* /wɔnt/; *watch* /wɔtʃ/; *quality* /'kwɔliti/

au – *because* (bi'kɔz/; *Austria* /'ɔstrjə/; *sausage* /'sɔsidʒ/

varios – *cough* /kɔf/; *knowledge* /'nɔlidʒ/; *yacht* /jɔt/

***Frases para practicar*** **O**

– *Stop at the shop at the top* /'stɔp ət ðə 'ʃɔp ət ðə 'tɔp/
– *The watch was in the wrong box* /ðə 'wɔtʃ wəz in ðə 'rɔŋ 'bɔks/
– *The doctor had a lot of bottles in his office* /ðə 'dɔktə həd ə 'lɔt əv 'bɔtlz in hiz 'ɔfis/

## 10. VOCAL NUM. 7 /ɔ:/

***Características***

entre semiabierta y semicerrada – *between half-open and half-close*
posterior – *back*
labios redondeados – *rounded lips*
separación de las mandíbulas ancha – *wide opening of the jaws*

Es relativamente larga, sobre todo en posición final absoluta o delante de consonante sonora.

*Comparación con el español*

La /ɔ:/ inglesa y la *o* española son ambas posteriores y se pronuncian con los labios redondeados. Sin embargo, la inglesa es algo más profunda* y larga, parecida un poco a la admiración *"¡Oh!"* dicha con los labios no exageradamente redondeados.

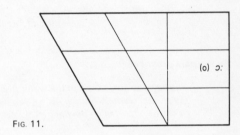

FIG. 11.

*Contraste* /ɔ/ - /ɔ:/ ●

Más que por su duración, que depende, como la de todas las vocales, de su posición en la palabra (más larga delante de consonante sonora o en posición final absoluta)**, estas dos vocales se distinguen porque la /ɔ:/ es más cerrada que la /ɔ/ y se pronuncia con los labios más redondeados.

|  /ɔ/ | /ɔ:/ | |
|---|---|---|
| pot | port | /pɒt/ /pɔ:t/ |
| potter | porter | /pɒtə/ /'pɔ:tə/ |
| spot | sport | /spɒt/ /spɔ:t/ |
| cod | cord | /kɒd/ /kɔ:d/ |
| cot | caught | /kɒt/ /kɔ:t/ |

*Realizaciones ortográficas (spellings)* ●

**más frecuentes**

| | | |
|---|---|---|
| **or** | — | *horse* /hɔ:s/; *pork* /pɔ:k/; *forty* /'fɔ:ti/ |
| **a + ll** | — | *ball* /bɔ:l/; *tall* /tɔ:l/; *fall* /fɔ:l/ |

---

\* Tiene una especie de arrastramiento *(drawl),* que la hace larga.
\*\* En igualdad de circunstancias, la /ɔ:/, desde luego, es más larga.

**otras de menor frecuencia**

| | |
|---|---|
| **a + l** + consonante | – salt /sɔːlt/; bald /bɔːld/; talk /tɔːk/ |
| **aw** | – law /lɔː/; saw /sɔː/; yawn /jɔːn/ |
| **au** | – fault /fɔːlt/, daughter /'dɔːtə/, cause /'kɔːz/ |
| **ou** | – bought /bɔːt/; ought /ɔːt/; brought /brɔːt/ |
| **ar** (precedida de **w**) | – war /wɔː/; warm /wɔːm/; dwarf /dwɔːf/ |
| **our** | – four /fɔː/; court /kɔːt/; pour /pɔː/ |
| **ore** | – before /bi'fɔː/; bore /bɔː/; store /stɔː/ |
| **oor, oar** | – door /dɔː/; floor /flɔː/; board /bɔːd/ |
| **varios** | – broad /brɔːd/; George /dʒɔːdʒ/ |

*Frases para practicar*

– She saw the horse walk to the water /ʃi 'sɔː ðə 'hɔːs 'wɔːk tə ðə 'wɔːtə/
– It's always warm in August /its 'ɔːlweiz 'wɔːm in 'ɔːgəst/
– I saw the chalk fall on the floor /ai 'sɔː ðə 'tʃɔːk 'fɔːl ɔn ðə 'flɔː/

## 11. VOCAL NUM. 8 /u/

*Características*

semicerrada – *half-close*
posterior – *back*
labios ligeramente redondeados – *slightly rounded lips*
separación de las mandíbulas media – *medium opening of the jaws.*

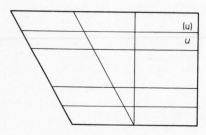

Fıɢ. 12.

Es corta, sobre todo delante de consonante sorda. Como la mayor parte de las vocales inglesas cortas, no se da en posición final absoluta.

*Comparación con el español*

La *u* española es más cerrada y se pronuncia con los labios más redondeados. Para pronunciar bien la /u/ inglesa puede servir de guía la *u* de la palabra española "humo", pronunciada con los labios poco redondeados y algo relajada.

*Realizaciones ortográficas (spellings)* O

**más frecuentes**

oo — *good* /gud/; *book* /buk/; *foot* /fut/
u — *put* /put/; *butcher* /'butʃə/; *sugar* /'ʃugə/

**de menor frecuencia**

ou — *could* /kud/; *would* /wud/; *should* /ʃud/
o — *wolf* /wulf/; *woman* /'wumən/

*Frases para practicar* O

— *Don't put your foot on the book* /'dəunt 'put jə 'fut ɔn ðə 'buk/
— *That woman is a good cook* /'ðæt 'wumənz ə 'gud 'kuk/
— *She would, if she could* /ʃi 'wud if ʃi 'kud/

## 12. VOCAL NUM. 9 /u:/

*Características*

cerrada — *close*
posterior — *back*
labios plenamente redondeados — *fully rounded lips*
separación de las mandíbulas estrecha — *narrow opening of the jaws*

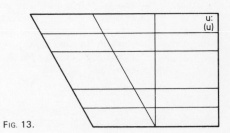

FIG. 13.

Es relativamente larga, sobre todo en posición final absoluta o delante de consonante sonora. Se da con frecuencia detrás de la semivocal /j/:

*new* /nju:/; *few* /fju:/; *music* /'mju:zik/, etc.

### Comparación con el español

La /u:/ inglesa se parece algo a la *u* española, aunque es un poco más larga y tensa que ésta.

### Contraste /u:/ - /u/ O

A pesar de que muchas veces se escriben de la misma forma, suenan muy diferentes. La /u:/ es más cerrada y se pronuncia con los labios más redondeados. Además, la /u:/ suena algo tensa a los oídos españoles y la /u/, relajada. Compárese:

| /u/ | /u:/ | |
|---|---|---|
| *foot* | *food* | /fut/ /fu:d/ |
| *full* | *fool* | /ful/ /fu:l/ |
| *pull* | *pool* | /pul/ /pu:l/ |

### Realizaciones ortográficas *(spellings)* O

**más frecuentes**

**oo** — *food* /fu:d/; *moon* /mu:n/; *soon* /su:n/
**ew** — *new* /nju:/; *flew* /flu:/; *grew* /gru:/

**otras de menor frecuencia**

**u** — *June* /dʒu:n/; *rude* /ru:d/; *nude* /nju:d/
**ou** — *group* /gru:p/; *soup* /su:p/; *through* /θru:/
**ue** — *blue* /blu:/; *true* /tru:/; *glue* /glu:/
**ui** — *fruit* /fru:t/; *suit* /su:t/; *juice* /dʒu:s/
**o** — *who* /hu:/; *do* /du:/; *move* /mu:v/
**varios** — *shoe* /ʃu:/; *argue* /'ɑ:gju:/;
*queue* /kju:/; *beauty* /'bju:ti/;
*two* /tu:/

### Frases para practicar

— *I refuse to use that glue* /ɑi ri'fju:z tu 'ju:z ðæt 'glu:/
— *Blue suits you too* /'blu: 'sju:ts ju: 'tu:/
— *There's plenty of fruit in June* /ðəz 'plenti əv 'fru:t in 'dʒu:n/

# 13. VOCAL NUM. 10 /ʌ/

*Características*

semiabierta – *half-open*
central – *central*
labios neutros – *neutral lips*
separación de las mandíbulas amplia – *wide opening of the jaws*

Es corta, sobre todo delante de consonante sorda. Como la mayoría de las vocales cortas inglesas, no aparece en posición final absoluta.

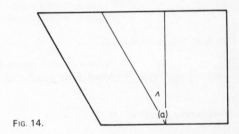

FIG. 14.

*Comparación con el español*

La *a* española es también central, como la /ʌ/ inglesa, pero más abierta, lo que le da un timbre más claro y sonoro.

*Contraste* /ɔ/ - /ʌ/ **O**

Los que confunden estas dos vocales deben tener en cuenta que la /ɔ/ es posterior y la /ʌ/ central; además la /ɔ/ es algo más abierta que la /ʌ/. A un español la /ɔ/ le suena algo más parecida a *o* y la /ʌ/ a la *a*.

|  /ɔ/  |  /ʌ/  |   |
| --- | --- | --- |
| hot | hut | /hɔt/ /hʌt/ |
| not | nut | /nɔt/ /nʌt/ |
| song | sung | /sɔŋ/ /sʌŋ/ |
| dock | duck | /dɔk/ /dʌk/ |

*Contraste* /æ/ - /ʌ/ **O**

La diferencia fundamental entre estas dos vocales es que la /æ/ es anterior y la /ʌ/ central. La colocación de los labios y de las mandí-

*33*

bulas es también diferente. (Véanse detalles en las características correspondientes.)

/æ/   /ʌ/

| | |
|---|---|
| bad / bud | bæd / bʌd |
| cat / cut | kæt / kʌt |
| lack / luck | læk / lʌk |
| bat / but | bæt / bʌt |

**Realizaciones ortográficas (spellings) O**

**más frecuentes**

u – uncle /'ʌŋkl/; butter /'bʌtə/; cup /kʌp/

o – gloves /glʌvz/; mother /'mʌðə/; month /'mʌnθ/

**otras de menor frecuencia**

ou – country /'kʌntri/; young /jʌŋ/; enough /i'nʌf/

varios – blood /blʌd/; flood /flʌd/; does /dʌz/ (forma fuerte)

**Frases para practicar O**

– Come with some money on Monday /'kʌm wið səm 'mʌni ɔn 'mʌndi/
– My uncle comes by bus on Sunday /mai 'ʌŋkl 'kʌmz bai 'bʌs ɔn 'sʌndi/
– I wonder what your brother has done with my gloves /ai 'wʌndə 'wɔt jə 'brʌðəz 'dʌn wið mai 'glʌvz/

## 14. VOCAL NUM. 11 /ə:/

*Características*

entre semicerrada y semiabierta – *between half-close and half-open*
central – *central*
labios ligeramente extendidos – *slightly spread lips*
separación estrecha de las mandíbulas – *narrow opening of the jaws*

Es relativamente larga, sobre todo en posición final absoluta o delante de consonante sonora.

*Comparación con el español*

La /ə:/ inglesa suena muy distinta a cualquier vocal española. Téngase en cuenta que la *e* española es anterior y la /ə:/ es central.

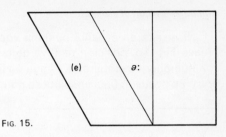

FIG. 15.

### Realizaciones ortográficas (spellings) **○**

**más frecuentes**

ir — *bird* /bə:d/; *skirt* /skə:t/; *thirty* /'θə:ti/
ur — *turn* /tə:n/; *church* /tʃə:tʃ/; *nurse* /nə:s/
ear — *search* /sə:tʃ/; *early* /'ə:li/; *learn* /lə:n/

**de menor frecuencia**

or (precedido de **w**) — *world* /wə:ld/; *work* /wə:k/; *worse* /wə:s/
er — *term* /tə:m/; *person* /'pə:sn/; *serve* /sə:v/
varios — *journey* /'dʒə:ni/; *Colonel* /'kə:nl/;
*amateur* /'æmətə:/; *were* /wə:/ (forma fuerte)

### Frases para practicar

— The girl worked a little at first and then went to church /ðə 'gə:l 'wə:kt ə
'litl ət 'fə:st ən 'ðen 'went tə 'tʃə:tʃ/
— The early bird catches the worm /ði 'ə:li 'bə:d 'kætʃiz ðə 'wə:m/
— I heard the first word but not the third /ai 'hə:d ðə 'fə:st 'wə:d bʌt 'nɔt ðə
'θə:d/

## 15. VOCAL NUM. 12 /ə/

### Características

entre semicerrada y semiabierta — *between half-close and half-open*
central — *central*
labios neutros — *neutral lips*
separación estrecha de las mandíbulas — *narrow opening of the jaws*
siempre inacentuada — *always unstressed*

Es siempre corta. En posición final absoluta tiende a ser algo más
abierta, pareciéndose algo a /ʌ/.

No existe en español ninguna vocal comparable a la /ə/ inglesa. (Véase Fig. 16, posición relativa de las vocales españolas.) Lo único con que puede compararse es con un ligero gruñido en el centro de la boca. En posición final absoluta se parece algo más a la *a*.

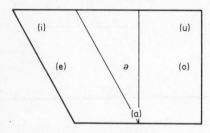

Fɪɢ. 16.

**Realizaciones ortográficas**

El fonema /ə/, que es el más frecuente en inglés, puede encontrarse escrito con cualquier vocal, siempre que la sílaba sea inacentuada:

en principio de palabra:

> *about* /ə'baut/; *afraid* /ə'freid/; *surprise* /sə'praiz/

en medio de palabra:

> *observation* /ɔbzə'veiʃn/; *organization* /ɔ:gənai'seiʃn/

en final de palabra:

> *letter* /'letə/; *river* /'rivə/; *numerous* /'nju:mərəs/; *Oxford* /'ɔksfəd/

## 16. OTRAS VOCALES

Aunque, a efectos prácticos, es conveniente clasificar las vocales inglesas en los doce fonemas descritos, esto no impide que ocasionalmente se oigan otras vocales en determinadas palabras. Así, *November, omit, obey* y otras palabras, con acento o sin él, se pronuncian generalmente con una vocal parecida a la *o* española: /no'vembə/, /o'mit/, /o'bei/, aunque existen variantes con /əu/ o /ə/. Otras palabras de origen francés conservan la vocal nasal: *restaurant,* pronunciado actualmente en Gran Bretaña casi generalmente /'restrŏ/, en lugar del más tradicional /'restrəŋ/ o del americano /'restərənt/. Sin embargo, se trata de palabras aisladas en su mayor parte, por lo que esta cuestión no debe preocupar excesivamente.

# 3

## LOS DIPTONGOS

### 1. EL DIPTONGO COMO FONEMA

En realidad, un diptongo, tanto en inglés como en español, se compone de dos fonemas vocálicos. Así, el diptongo /ei/ de la palabra *tray* se compone del fonema vocálico /e/ (vocal núm. 3) seguido del fonema vocálico /i/ (vocal núm. 2). Sin embargo, a efectos prácticos de la enseñanza del inglés, no hay inconveniente ninguno en considerarlo como un solo fonema /ei/, lo que permite contrastar como pares mínimos:

> *get/gate,* /get/geit/
> *fed/fade,* /fed/feid/, etc...

### 2. CONSIDERACIONES GENERALES SOBRE LOS DIPTONGOS INGLESES

Antes de estudiar los ocho diptongos ingleses* con detalle conviene señalar las características generales, compartidas por todos. Son éstas:

1) En todos los diptongos ingleses, el elemento más importante, sobre el que recae la mayor fuerza espiratoria, y el que tiene mayor longitud, es siempre el primero. Se trata, pues, de diptongos decrecientes: los diptongos ingleses constan, por definición, de una vocal seguida de un deslizamiento *(glide)* o tendencia a otra vocal (siempre *i, u* ó ə), que no llega a alcanzarse plenamente en ningún caso.

2) Los diptongos ingleses, cortos en comparación con los españoles, tienen la misma longitud que las vocales largas /i:/, /u:/, etc..., y como éstas, están sujetos a las mismas variaciones de longitud: más largo en posición final absoluta o delante de consonante sonora, más

---

\* Nueve, para los que admiten /ɔə/ (véase 11).

corto delante de consonante sorda. Así, el diptongo de *play* es perceptiblemente más largo que el de *gate,* por ejemplo.

3) Ningún diptongo se da delante del fonema /ŋ/, excepto cuando /n/ se asimila a /ŋ/ en la cadena hablada:

*my own car* – /mai 'əuŋ 'ka:/

## 3. EL DIPTONGO NUM. 1 /ei/

*Características*

El diptongo /ei/ empieza por la vocal núm. 3 /e/ y se desliza en dirección a la núm. 2 /i/, sin llegar a alcanzarla plenamente.

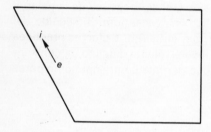

Fɪɢ. 17.

*Comparación con el español*

El diptongo inglés /ei/ se parece algo al español de la palabra "ley", p. ej., pero pronunciando la *i* muy ligeramente.

*Contraste* /e/ - /ei/ **o**

Naturalmente, el fonema /ei/, por tratarse de un fonema diptongal, es más largo que el fonema vocálico /e/. Compárese:

| /e/ | /ei/ | | |
|-----|------|-----|-----|
| get / | gate | /get/ | /geit/ |
| let / | late | /let/ | /leit/ |
| wet / | wait | /wet/ | /weit/ |
| men / | main | /men/ | /mein/ |
| pen / | pain | /pen/ | /pein/ |
| letter / | later | /'letə/ | /'leitə/ |

*Realizaciones ortográficas (spellings)* **O**

**más frecuentes**

a — *plate* /pleit/; *take* /teik/; *game* /geim/
ai — *plain* /plein/; *wait* /weit/; *rain* /rein/
ay — *play* /plei/; *May* /mei/; *stay* /stei/

**otras de menor frecuencia**

ei — *eight* /eit/; *weigh* /wei/; *neighbour* /'neibə/
ey — *they* /ðei/
ea — *great* /greit/; *break* /breik/; *steak* /steik/
varios — **half***penny* /'heipni/; *gauge* /geidʒ/; *gaol* /dʒeil/

*Frases para practicar*

— *The rains in Spain stay mainly in the plain* /ðə 'reinz in 'spein 'stei 'meinli in ðə 'plein/
— *They waited in the rain for the train* /ðei 'weitid in ðə 'rein fə ðə 'trein/
— *They played a great game* /ðei 'pleid ə 'greit 'geim/

## 4. EL DIPTONGO NUM. 2 /əu/ O /ou/

*Características*

El diptongo /ou/ empieza por una *o* muy similar a la española y se desliza en dirección a la vocal núm. 8 /u/, sin llegar a alcanzarla del todo. Modernamente, se oye cada vez más el alófono /əu/, que empieza por una vocal más central, muy similar a la núm. 12 /ə/, en lugar de *o*.

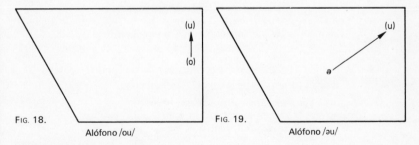

Fɪɢ. 18.     Alófono /ou/          Fɪɢ. 19.     Alófono /əu/

*Comparación con el español*

El diptongo núm. 2, sobre todo su variante /əu/, más usada modernamente, suena muy distinto al diptongo español, poco frecuente por otra parte, de la palabra *bourel,* por ejemplo. El estudiante español debe iniciar este diptongo con un sonido en el centro de la boca /ə/ (cualquier vocal en la zona comprendida entre /ə/ y /o/ puede servir igualmente) y pronunciar luego una /u/ sin hacerla demasiado larga.

### Contraste /ɔ:/ - /əu/  o

Los españoles que no distinguen bien estos dos sonidos deben tener en cuenta que el primero /ɔ:/ es una vocal simple, con una especie de arrastramiento *(drawl)* que la hace larga, mientras que el segundo es un diptongo que empieza por /ə/ ó /o/, según los individuos y se desliza hacia la /u/. Compárese:

| /ɔ:/ | /əu/ | | |
|------|------|------|------|
| caught | / coat | /kɔ:t/ | /kəut/ |
| saw | / so | /sɔ:/ | /səu/ |
| bought | / boat | /bɔ:t/ | /bəut/ |
| law | / low | /lɔ:/ | /ləu/ |
| floor | / flow | /flɔ:/ | /fləu/ |
| chalk | / choke | /tʃɔ:k/ | /tʃəuk/ |

### Realizaciones ortográficas *(spellings)*  o

**más frecuentes**

| o | — | so /səu/; old /əuld/; home /həum/ |
|----|----|----|
| oa | — | road /rəud/; boat /bəut/; coat /kəut/ |
| ow | — | know /nəu/; grow /grəu/; slow /sləu/ |

**otras de menor frecuencia**

| ou | — | soul /səul/; shoulder /'ʃəuldə/; though /ðəu/ |
|----|----|----|
| oe | — | toe /təu/; foe /fəu/; hoe /həu/ |
| varios | — | sew /səu/; mauve /məuv/; brooch /brəutʃ/ |

### Frases para practicar

- *No, I won't go home* /'nəu ai 'wəunt 'gəu 'həum/
- *He sold his old boat* /hi 'səuld hiz 'əuld 'bəut/
- *Don't throw those stones* /'dəunt 'θrəu 'ðəuz 'stəunz/

# 5. EL DIPTONGO NUM. 3 /ai/

*Características*

El diptongo /ai/ empieza por una vocal muy semejante a la *a* española y se desliza en dirección a la vocal núm. 2 /i/, sin llegar a alcanzarla plenamente.

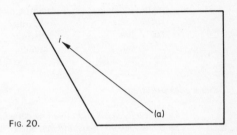

Fig. 20.

*Comparación con el español*

El diptongo inglés /ai/ se parece algo al español de la palabra "hay", por ejemplo, pero cuidando de no recalcar demasiado el segundo elemento.

*Realizaciones ortográficas (spellings)* O

**más frecuentes**

    i  – *time* /taim/; *write* /rait/; *nice* /nais/
    y  – *try* /trai/; *fly* /flai/; *sky* /skai/

**otras de menor frecuencia**

    ie    – *die* /dai/; *lie* /lai/; *pie* /pai/
    ei    – *either* /'aiðə/; *neither* /'naiðə/; *height* /hait/
    varios  – **eye** /ai/; **buy** /bai/; **guy** /gai/; **choir** /kwaiə/; *d*ye /dai/; ais*le* /ail/

*Contraste* /ei/ - /ai/

En el inglés estándar, estos dos diptongos se pronuncian como hemos descrito, y no suelen ofrecer problemas a los estudiantes españoles. Las dificultades surgen cuando se encuentran con un inglés con acento *cokney* londinense o de otras regiones que pronuncian /ei/ como /ai/, utilizando para /ai/ una vocal *a* más posterior. La dificultad es la misma que la que se le presenta a un inglés ante los distintos acentos regionales españoles. Aunque al cabo de algún tiempo es muy fácil acostumbrarse a estas variantes, es conveniente seguir usando siempre la pronunciación estándar, de uso mucho más general.

/ei/     /ai/

bay  /  buy        /bei/ /bai/
paint  /  pint     /peint/ /paint/
race  /  rice      /reis/ /rais/
tail  /  tile      /teil/ /tail/
ale  /  isle       /eil/ /ail/

*Frases para practicar*

- I've got a fly in my right eye /aiv gɔt ə 'flai in mai 'rait 'ai/
- I'll buy an ice on the island /ail 'bai ən 'ais ɔn ði 'ailənd/
- How high can it fly in the sky? /'hau 'hai kən it 'flai in ðə 'skai/

## 6. DIPTONGO NUM. 4 /au/

*Características*

El diptongo /au/ empieza por una vocal muy semejante a la *a* española, aunque ligeramente posterior y se desliza en dirección a la vocal núm. 8 /u/, sin llegar a alcanzarla plenamente.

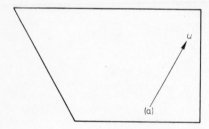

Fig. 21.

*Comparación con el español*

El diptongo inglés /au/ es similar al de la palabra española "causa", por ejemplo, pero poniendo mayor énfasis en el primer elemento que en el segundo.

*Realizaciones ortográficas (spellings)* ○

**ou** – *house* /haus/; *pound* /paund/; *loud* /laud/
**ow** – *town* /taun/; *brown* /braun/; *crowd* /kraud/

*Frases para practicar* ○

– *Make your mouth round when you make this sound* /'meik jə 'mauθ 'raund wen ju 'meik 'ðis 'saund/
– *I found a thousand pounds on the ground* /ai 'faund ə 'θauzənd 'paundz ɔn ðə 'graund/
– *The crowd surrounds the house* /ðə 'kraud sə'raundz ðə 'haus/

*Contraste* /əu/ - /au/ ○

| /əu/ | /au/ | | |
|------|------|---|---|
| load | loud | /ləud/ | /laud/ |
| oat | out | /əut/ | /aut/ |
| row (hilera) | row (trifulca) | /rəu/ | /rau/ |
| no | now | /nəu/ | /nau/ |
| bow | bough | /bəu/ | /bau/ |

## 7. DIPTONGO NUM. 5 /ɔi/

### Características

El diptongo /ɔi/ empieza por una vocal que está entre la 6 /ɔ/ y la 7 /ɔ:/, deslizándose en dirección a la vocal núm. 2 /i/, sin llegar a alcanzarla plenamente.

### Comparación con el español

El diptongo inglés /ɔi/ se parece algo al español de la palabra "voy", por ejemplo, pero pone mayor énfasis en el primer elemento que en el segundo.

### Realizaciones ortográficas (spellings) ○

**oi** – *oil* /ɔil/; *point* /pɔint/; *voice* /vɔis/
**oy** – *boy* /bɔi/; *oyster* /'ɔistə/; *enjoy* /in'dʒɔi/
excepción – *buoy* /bɔi/

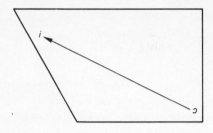

FIG. 22.

*Frases para practicar* O

- *The boy enjoyed his noisy toy* /ðə 'bɔi in'dʒɔid hiz 'nɔizi 'tɔi/
- *He boiled it in oil* /hi 'bɔild it in 'ɔil/
- *Don't annoy the royal boy* /'dəunt ə'nɔi ðə 'rɔiəl 'bɔi/

## 8. DIPTONGO NUM. 6 /iə/

*Características*

El diptongo /iə/ empieza por la vocal núm. 2 /i/, y termina por la 12 /ə/. En posición final, el segundo elemento es algo más abierto, muy próximo a /ʌ/.

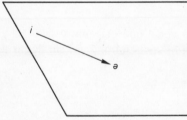

FIG. 23. Diptongo /iə/ en posición no final.

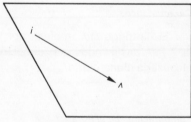

FIG. 24. Diptongo /iə/ en posición final.

*Comparación con el español*

El diptongo inglés /iə/ no puede compararse con el español *ia* de la palabra "hacia", por ejemplo, porque /iə/ es un diptongo decreciente con mayor fuerza en el primer elemento que en el segundo, mientras que *ia* es creciente. Se parece más bien a la secuencia *ia* de la palabra "hacía", por ejemplo, pero cuidando de pronunciarla como una sola sílaba y no dos, como en español. Compárese:

44

|  español | inglés |
|---|---|
| dia / día | dear /diə/ |
| tia / tía | tear /tiə/ (lágrima) |
| mia / mía | mere /miə/ |
| fia / fía | fear /fiə/ |

No obstante lo dicho, el diptongo /iə/ tiene una variante creciente /iə/ que se da en sílaba no acentuada y que tiene mayor fuerza en el segundo elemento. Algunos no lo consideran como diptongo propiamente dicho, sino como la semivocal /j/ seguida de la vocal núm. 12 /ə/:

glorious /'glɔriəs/ o /'glɔrjəs/
easier /'i:ziə/ o /'i:zjə/

### Realizaciones ortográficas (spellings)  O

**más frecuentes**

| | | |
|---|---|---|
| ear | – | near /niə/; dear /diə/; fear /fiə/ |
| eer | – | beer /biə/; deer /diə/; cheer /tʃiə/ |

**otras de menor frecuencia**

| | | |
|---|---|---|
| ere | – | here /hiə/; mere /miə/; sincere /sin'siə/ |
| ier | – | pier /piə/; pierce /piəs/; fierce /fiəs/ |
| ea | – | theatre /'θiətə/; idea /ai'diə/; really /'riəli/ |
| varios | – | theory /'θiəri/; museum /mju:'ziəm/; fakir /'fækiə/ weird /wiəd/ |
| variante creciente | – | glorious /glɔriəs/; genius /'dʒiniəs/; billiard /'biliəd/; period /'piəriəd/; serious /'siəriəs/ |

### Frases para practicar

– I hear with my ears /ai 'hiə wið mai 'iəz/
– He's had a beard for nearly a year /hi:z hæd ə 'biəd fə 'niəli ə 'jə/
– I didn't realize it was a serious idea /ai didənt riə'laiz it wəz ə 'siəriəs ai'diə/


## 9. DIPTONGO NUM. 7 /ɛə/

El diptongo /ɛə/ empieza por la vocal /ɛ/, un poco más abierta que la núm. 3 /e/, y termina por la vocal núm. 12 /ə/. En posición final, el segundo elemento es algo más abierto, muy próximo a /ʌ/.

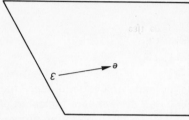

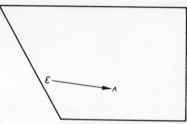

FIG. 25. Diptongo /ɛə/ en posición no final.    FIG. 26. Diptongo /ɛə/ en posición final.

### Comparación con el español

El diptongo /ɛə/ se parece algo a la secuencia española *ea,* de la palabra "fea", por ejemplo, pero cuidando de pronunciarla con una sola sílaba y no dos, como en español. Compárese:

| *español* | *inglés* |
|---|---|
| fea / fea | *fair* /fɛə/ |
| pea / pea | *pair* o *pear* /pɛə/ |
| tea / tea | *tear* /tɛə/ (rasgar) |
| vea / bea | *bear* /bɛə/ |

### Realizaciones ortográficas *(spellings)* O

**más frecuentes**

| | | |
|---|---|---|
| **are** | — | *care* /kɛə/; *stare* /stɛə/; *share* /ʃɛə/ |
| **air** | — | *fair* /fɛə/; *hair* /hɛə/; *stairs* /stɛəz/ |
| **ear** | — | *bear* /bɛə/; *pear* /pɛə/; *wear* /wɛə/ |

**otras de menor frecuencia**

| | | |
|---|---|---|
| varios | — | th**eir** /ðɛə/; th**ere** /ðɛə/; |
| | | h**eir** /ɛə/; mayor /mɛə/; |
| | | sc**arce** /skɛəs/; w**ary** /'wɛəri/ |

### Contraste /iə/ - /ɛə/

| /iə/ | /ɛə/ |
|---|---|
| *fear* | *fair* o *fare* |
| *tear* (lágrima) | *tear* (rasgar) |
| *pier* | *pear* o *pair* |
| *rear* | *rare* |
| *beer* | *bare* o *bear* |
| *hear* | *hair* o *hare* |

- *There's a bear on the chair* /ðəz ə ˈbɛə ɔn ðə ˈtʃɛə/
- *She can't bear to share her pear* /ʃi: ˈkɑːnt ˈbɛə tə ˈʃɛə hɔ: ˈpɛə/
- *Spare a prayer for the mayor* /ˈspɛə ə ˈprɛə fə ðə ˈmɛə/

## 10. DIPTONGO NUM. 8 /uə/

El diptongo núm. 8* /uə/ empieza por la vocal núm. 8 /u/ y termina por la núm. 12 /ə/. Como todos los diptongos que terminan en /ə/ *(centring),* el segundo elemento en posición final es algo más abierto, con tendencia a /ʌ/.

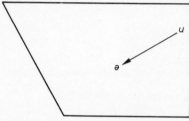

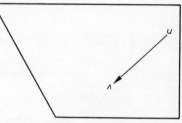

Fɪɢ. 27. Diptongo /uə/ en posición no final.    Fɪɢ. 28. Diptongo /uə/ en posición final.

### Comparación con el español

El diptongo inglés /uə/ no es igual al español *ua* de la palabra "cuadra", por ejemplo, porque éste es creciente, y el inglés, decreciente. Se parece más bien a la secuencia *úa* de la palabra "púa", por ejemplo, pero cuidando de pronunciarlo con una sola sílaba, y no dos, como en español. Compárese:

| *español* | *inglés* |
|---|---|
| púa /púa/ | poor /puə/ |

Sin embargo, el diptongo /uə/ tiene una variante creciente /ŭə/, con más fuerza en el segundo elemento, que se da a veces en sílaba no acentuada. Algunos no lo consideran como diptongo, sino como la semivocal /w/ seguida de la vocal núm. 12 /ə/:

*influence* /ˈinflŭəns/ o /ˈinflwəns/
*usual* /ˈjuːʒŭəl/ o /ˈjuːʒwəl/

---

\* El núm. 9 para aquellos que incluyen /ɔə/ como fonema diptongal.

*Realizaciones ortográficas (spellings)* **O**

**más frecuentes**

ure  – *sure* /ʃuə/; *endure* /inˈdjuə/; *pure* /pjuəl/
ue  – *fluency* /ˈfluənsi/; *cruelty* /ˈkruəlti/; *fuel* /fjuəl/
ua  – *dual* /duəl/; *manually* /ˈmænjuəli/; *truant* /truənt/

**otras de menor frecuencia**

| | |
|---|---|
| ewe | – *jewel* /dʒuəl/; *fewer* /fjuə/; *viewer* /vjuə/ |
| oor | – *poor* /puə/; *moor* /muə/ |
| our | – *tour* /tuə/; *tourist* /ˈtuərist/ |
| varios | – *curious* /ˈkˈjuərïəs/; *furious* /ˈfjuərïəs/; *jury* /ˈdʒuəri/; *during* /ˈdjuəriŋ/ |
| variante creciente | – *influence* /ˈinflŭəns/; *arduous* /ˈɑːdjŭəs/; *vacuum* /ˈvækjŭəm/; *usual* /ˈjuːʒŭəl/ |

*Frases para practicar*

– *Are you sure\* of the tour?* /ə juːˈʃuə əv ðə ˈtuə/
– *The poor tourist was furious during the tour* /ðə ˈpuə ˈtuərist wəz ˈfjuərïəs ˈdjuəriŋ ðə ˈtuə/
– *The jury were curious* /ðə ˈdʒuəri wə ˈkjuərïəs/

## 11. EL PROBLEMATICO DIPTONGO /ɔə/

Algunos incluyen este diptongo entre los fonemas ingleses, basándose en la pronunciación /fɔə/, /mɔə/, /dɔə/ de las palabras *four, more, door,* etc. La mayoría de los ingleses, sin embargo, pronuncian estas palabras con la vocal 7 /ɔː/: /fɔː/, /mɔː/, /dɔː/, por lo que es preferible excluirlo de los fonemas diptongales ingleses.

## 12. LOS TRIPTONGOS

Los cinco primeros diptongos /ei/, /əu/, /ai/, /au/, /ɔi/ seguidos de la vocal núm. 12 /ə/ forman los siguientes triptongos:

/eiə/  – como *player* /pleiə/; *prayer* /preiə/
/əuə/  – como *lower* /ləuə/
/aiə/  – como *fire* /faiə/
/auə/  – como *tower* /tauə/
/ɔiə/  – como *employer* /imˈplɔiə/

---

\* Algunos pronuncian /ʃɔə/ o /ʃɔː/ en lugar del más frecuente /ʃuə/.

Cuadro comparativo de los fonemas consonánticos ingleses y españoles (los españoles aparecen entre paréntesis).

| | bilabiales sor. | bilabiales son. | labiodentales sor. | labiodentales son. | dentales sor. | dentales son. | interdentales sor. | interdentales son. | alveolares sor. | alveolares son. | postalveol. sor. | postalveol. son. | palatoalveol. sor. | palatoalveol. son. | palatales sor. | palatales son. | velares sor. | velares son. | glotales sor. | glotales son. |
|---|---|---|---|---|---|---|---|---|---|---|---|---|---|---|---|---|---|---|---|---|
| Oclusivas | p(p) | b(b) | | | (t) | (d) | | | | | | | | | | | k(k) | g(g) | | |
| Fricativas | | | f(f) | v | | | θ(θ) | ð | s(s) | z | | r | ʃ | ʒ | (ĉ) | (ŷ) | | (x) | h | |
| Africadas | | | | | | | | | | | | | tʃ | dʒ | | | | | | |
| Laterales | | | | | | | | | | l(l) | | | | | | (λ) | | | | |
| Nasales | | m(m) | | | | | | | | n(n) | | | | | | (ɲ) | | ŋ | | |
| Vibrante simple | | | | | | | | | | (r) | | | | | | | | | | |
| Vibrante múltiple | | | | | | | | | | (r̄) | | | | | | | | | | |
| Semivocales | | w | | | | | | | | | | | | | | j | | | | |

| | bilabiales sor. | bilabiales son. | labiodentales sor. | labiodentales son. | interdentales sor. | interdentales son. | alveolares sor. | alveolares son. | postalveol. sor. | postalveol. son. | palatoalveol. sor. | palatoalveol. son. | palatales sor. | palatales son. | velares sor. | velares son. | glotales sor. | glotales son |
|---|---|---|---|---|---|---|---|---|---|---|---|---|---|---|---|---|---|---|
| Oclusivas | p | b | | | | | t | d | | | | | | | k | g | | |
| Fricativas | | | f | v | θ | ð | s | z | | r | ʃ | ʒ | | | | | h | |
| Africadas | | | | | | | | | | | tʃ | dʒ | | | | | | |
| Laterales | | | | | | | | l | | | | | | | | | | |
| Nasales | | m | | | | | | n | | | | | | | | ŋ | | |
| Semivocales | | w | | | | | | | | | | | | j | | | | |

Fig. 29. Fonemas consonánticos ingleses.

En pronunciación poco cuidada, el segundo elemento se pierde, quedando reducido el triptongo a diptongo:

*player* /pleiə/ ⟶ /pleə/
*tower* /tauə/ ⟶ /taə/

Incluso a veces sólo queda una vocal larga:

*fire* /fai / ⟶ /faə/ ⟶ /fɑ:/
*tower* /tauə/ ⟶ /taə/ ⟶ /tɑ:/

# 4

## LAS CONSONANTES

### 1. CLASIFICACION DE LOS FONEMAS CONSONANTICOS INGLESES

Los fonemas consonánticos ingleses, lo mismo que los españoles, se clasifican según el modo de articulación, el punto de articulación y su sonoridad o carencia de la misma.

Según el modo de articulación tenemos:

Seis oclusivas – *plosives:* /p/, /b/, /t/, /d/, /k/, /g/
Diez fricativas – *fricatives:* /f/, /v/, /θ/, /ð/, /s/, /z/, /ʃ/, /ʒ/, /r/, /h/
Dos africadas – *affricates:* /tʃ/, /dʒ/
Una lateral – *lateral:* /l/
Tres nasales – *nasals:* /m/, /n/, /ŋ/
Dos semivocales – *semi-vowels:* /j/, /w/

lo que hace veinticuatro fonemas consonánticos en total.

Según el punto de articulación tenemos:

Cuatro bilabiales – *bilabials:* /p/, /b/, /m/, /w/
Dos labiodentales – *labio-dentals:* /f/, /v/
Dos interdentales – *interdentals:* /θ/, /ð/
Seis alveolares – *alveolars:* /t/, /d/, /s/, /z/, /l/, /n/
Una postalveolar – *post-alveolar:* /r/
Cuatro palatoalveolares – *palato-alveolars:* /ʃ/, /ʒ/, /tʃ/, /dʒ/
Una palatal – *palatal:* /j/
Tres velares – *velars:* /k/, /g/, /ŋ/
Una glotal – *glottal:* /h/

que suman veinticuatro fonemas.

Según su sonoridad o carencia de ella tenemos:

Nueve sordas – *voiceless:* /p/, /t/, /k/, /f/, /θ/, /s/, /h/, /ʃ/, /tʃ/
Quince sonoras – *voiced:* /b/, /d/, /g/, /v/, /ð/, /z/, /r/, /ʒ/, /dʒ/, /l/, /m/, /n/, /ŋ/, /j/, /w/

## 2. CONSONANTES OCLUSIVAS

*Características generales*

Se llaman así porque su articulación se produce mediante una oclusión o cierre del paso al aire. Se llaman también plosivas *(plosives)* porque, al desaparecer el obstáculo que cierra el paso al aire, se produce una brusca salida del mismo en forma de explosión.

En inglés hay seis consonantes oclusivas distribuidas de la siguiente manera:

Según su sonoridad o carencia de la misma:

Tres sordas – /p/, /t/, /k/
Tres sonoras – /b/, /d/, /g/

Según su punto de articulación:

Dos bilabiales – /p/, /b/
Dos alveolares – /t/, /d/
Dos velares – /k/, /g/

A primera vista, el sistema de consonantes oclusivas inglés parece coincidir en todo con el español, incluso en los signos fonéticos para cada fonema. Sin embargo, este paralelismo no puede ser más engañoso, ya que es aquí donde las diferencias resultan quizá más acusadas.

El sistema español se basa en una oposición por pares, sorda/sonora, convirtiéndose las sonoras en fricativas en cualquier posición que no sea inicial absoluta o detrás de *m.*

El sistema inglés conserva la oposición sorda/sonora en todo su valor sólo en posición media, y, a diferencia del español, las sonoras no se convierten nunca en fricativas. En posición inicial, más que por su condición de sordas o sonoras, las oclusivas inglesas se distinguen por el contraste aspirada/no aspirada: las sordas son aspiradas, y las sonoras, que pierden parte de su sonoridad, no lo son. En posición final, igualmente, al perder las sonoras parte de su sonoridad, la diferenciación tiene lugar por la longitud de la vocal anterior: a consonante final sorda, vocal anterior corta, y a consonante final sonora, vocal anterior larga.

Otro problema para el estudiante español es la aparición muy frecuente de los fonemas oclusivos ingleses en posición final. Esto, además de resultarle extraño a los oídos, plantea el problema de la plosión incompleta. En efecto, cuando una palabra termina por una consonante oclusiva y la siguiente empieza por otra oclusiva o una africada, la primera pierde el tiempo de explosión *(release)* y sólo conserva el primer tiempo, o sea, el de oclusión *(stop)\**.

Por último, las oclusivas seguidas de *n* y *l* producen plosiones nasales y laterales, respectivamente, igualmente extrañas a los oídos españoles.

### 3. LA /p/

*Características*

oclusiva — *plosive*
bilabial — *bilabial*
sorda — *voiceless*

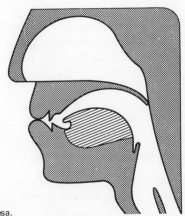

Fig. 30. La /p/ inglesa.

La /p/ es *oclusiva* porque su modo de articulación se produce cerrando el paso al aire. Consta de dos tiempos: un primer tiempo de oclusión del aire *(stop)* y un segundo tiempo de liberación del aire retenido *(release)*. Es *bilabial* porque es cerrando los labios como se produce la oclusión. Es *sorda* porque no hay vibración de las cuerdas vocales.

*Alófonos de la* /p/

1) *p* aspirada, en sílaba acentuada, sobre todo en posición inicial: *pill, impatient;*

2) *p* débilmente aspirada, en sílaba no acentuada y en posición final: *supper, top;*

---

\* El hecho de que pueda darse *p* o *k* delante de *t* en algunas palabras: "apto", "acto", no cambia el problema.

3) *p* no aspirada, detrás de *s*: *spin*;

4) *p* con plosión lateral (el aire sale por los lados de la boca), seguida de *l*: *apple*;

5) *p* con plosión nasal (el aire sale por la nariz), seguida de *n*: *open*;

6) *p* con plosión incompleta (se pronuncia sólo el tiempo de oclusión *(stop)*, perdiéndose el de explosión *(release)*), seguida de otra oclusiva o de una africada: *captain, ripe cheese;*

### Variante

En posición final es frecuente oír una oclusión glotal /ʔ/, que se produce cerrando completamente la glotis e impidiendo el paso al aire, antes de producirse la oclusión bilabial propiamente dicha: *top* /tɔʔp/.

### Comparación con el español

La *p* inglesa y española son ambas oclusivas, bilabiales y sordas, pero existen las siguientes diferencias:

1) la *p* española no es aspirada en ningún caso; la inglesa es siempre aspirada, excepto detrás de *s*.

2) la *p* española, excepto en palabras de origen extranjero, no se da en posición final.

3) la *p* española no va nunca seguida de *n,* por lo que no se produce la plosión nasal.

4) la plosión lateral en posición final resulta también extraña a los oídos españoles.

### Realizaciones ortográficas *(spellings)*

| | | |
|---|---|---|
| **p** | — | *pin* /pin/, *corporal* /ˈkɔːpərəl/ |
| **pp** | — | *nappy* /ˈnæpi/, *flipper* /ˈflipə/ |
| excepción | — | *hiccough* /ˈhikʌp/ |
| **p** muda | — | *psalm* /sɑːm/; *pneumonia* /njuːˈmɔniə/; *receipt* /riˈsiːt/; *cupboard* /ˈkʌbəd/ |

## aspirada en sílaba acentuada:

| | |
|---|---|
| inicial | – *pipe* /pɑip/; *pear* /pɛə/; *pain* /pein/ |
| no inicial | – *impatient* /im'peiʃənt/; *repair* /ri'pɛə/ |

## débilmente aspirada:

| | |
|---|---|
| inicial o media | – *supper* /'sʌpə/; *capable* /'keipəbl/; *permission* /pə'miʃn/ |
| final | – *cheap* /tʃiːp/; *cup* /kʌp/; *stop* /stɔp/ |

## no aspirada detrás de *s*:

– *spin* /spin/; *spill* /spil/; *Spain* /spein/

## con plosión lateral:

– *apple* /'æpl/; *couple* /'kʌpl/; *supple* /'sʌpl/

## con plosión nasal:

– *open* /'əupn/; *happen* /'hæpn/; *halfpenny* /'heipni/

## con plosión incompleta:

– *stopped* /stɔpt/; *ripe cheese* /'raip 'tʃiːz/; *a soap packet* /ə 'səup 'pækit/

*Frases para practicar*

- *It's a pity Peter can't play* /its ə 'piti 'piːtə kɑːnt 'plei/
- *He went to the pub near the park* /hi 'went tə ðə 'pʌb niə ðə 'pɑːk/
- *Those chips and peas are cheaper than the apples* /'ðəuz 'tʃips ən 'piːz ə 'tʃiːpə ðən ði 'æplz/

## 4. LA /b/

*Características*

oclusiva – *plosive*
bilabial – *bilabial*
sonora – *voiced*

Al igual que la /p/, la /b/ es oclusiva y bilabial, pero, a diferencia de aquélla, que es sorda, la /b/ es sonora, por producirse vibración de las cuerdas nasales.

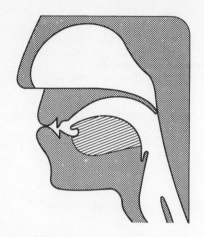

FIG. 31. La /b/ inglesa.

**Alófonos de la /b/**

1) /b/ parcialmente sorda en posición inicial: *Bill*;

2) /b/ sorda en posición final: *job*;

3) /b/ plenamente sonora en posición intervocálica: *rubber*;

4) /b/ con plosión lateral, seguida de *l*: *bubble*;

5) /b/ con plosión nasal, seguida de consonante nasal: *ribbon*;

6) /b/ con plosión incompleta, seguida de otra oclusiva o de una africada: *obtain*; *sob bitterly*.

**Variante**

Aunque con menor frecuencia que en el caso de la /p/, también se oye a veces una oclusión glotal antes de la *b* en posición final: *rob* /rɔʔb/.

**Comparación con el español**

Entre el fonema /b/ inglés y el español existen las siguientes diferencias:

1) la /b/ española es fricativa en posición media o inicial no absoluta, y oclusiva en posición inicial absoluta y detrás de *m*; la /b/ inglesa es oclusiva en cualquier posición;

2) en posición inicial la /b/ inglesa, al ser parcialmente sorda, se acerca a la *p,* de la que se distingue por no ser aspirada;

3) en posición final, la /b/ inglesa suena como una /p/ corta, de la que se distingue por el alargamiento de la vocal o diptongo anterior;

4) El fonema /b/ se escribe siempre *b* en inglés; en español se escribe con *b* o con *v*.


**Realizaciones ortográficas** *(spellings)*

**b** — *bit* /bit/; *cable* /keibl/; *knob* /nɔb/
**bb** — *lobby* /'lɔbi/; *hobby* /'hɔbi/; *rubber* /'rʌbə/
**b** muda — la *b* es muda detrás de *m* y a veces delante de *t*, en el final *bt*: *climber* /'klaimə/; *thumb* /θʌm/; *plumber* /'plʌmə/; *debt* /det/; *doubt* /daut/


**Contraste** /p/ - /b/

1) en posición inicial, la *p* y la *b* se distinguen por ser la /p/ aspirada y la /b/ no aspirada:

| /p/ | /b/ |
|------|--------|
| pet | bet |
| port | bought |
| pack | back |
| pin | bin |
| pill | bill |

2) en posición media, se distinguen al ser la /b/ sonora y la /p/ sorda:

| /p/ | /b/ |
|---------|---------|
| sopping | sobbing |
| lopping | lobbing |
| ripping | ribbing |
| roping | robing |

3) en posición final, la *p* y la *b* se distinguen por la longitud de la vocal que les precede: corta delante de *p* y larga delante de *b*:

| /p/ | /b/ |
|-------|-------|
| cap | cab |
| tripe | tribe |
| sop | sob |
| rope | robe |
| lip | lib |

**Palabras para practicar**

inicial:

    *beat* /biːt/; *bean* /biːn/; *bark* /bɑːk/

final:

    *sob* /sɔb/; *rub* /rʌb/; *pub* /pʌb/

intervocálica:

    *rubber* /ˈrʌbə/; *labour* /ˈleibə/; *neighbour* /ˈneibə/

plosión lateral:

    *table* /ˈteibl/; *double* /ˈdʌbl/; *trouble* /ˈtrʌbl/

plosión nasal:

    *stubborn* /ˈstʌbən/; *ribbon* /ˈribn/

plosión incompleta:

    *rubbed* /rʌbd/; *obtain* /ɔbˈtein/; *sob bitterly* /ˈsɔb ˈbitəli/

**Frases para practicar**

    — *Bob is in his club* /ˈbɔbz in hiz ˈklʌb/
    — *Bill is a stubborn boy* /ˈbilz ə ˈstʌbən ˈbɔi/
    — *There was some trouble at the pub* /ðə wəz səm ˈtrʌbl ət ðə ˈpʌb/

## 5. LA /t/

*Características*

| | | |
|---|---|---|
| oclusiva | — | *plosive* |
| alveolar | — | *alveolar* |
| sorda | — | *voiceless* |

    La /t/ inglesa es *oclusiva* porque su articulación se produce cerrando el paso al aire. Como todas las oclusivas, consta de dos tiempos: un primer tiempo de oclusión del aire *(stop)* y un segundo tiempo de liberación del aire retenido *(release)*. Es *alveolar* porque la oclusión se produce apoyando el ápice y bordes de la lengua en los alvéolos superiores. Es *sorda* porque, al estar las cuerdas vocales separadas en el momento de su emisión, no se produce vibración de las mismas.

1) /t/ aspirada, en sílaba acentuada, sobre todo inicial: *time, attend*;

2) /t/ débilmente aspirada en sílaba no acentuada y en posición final; en posición intervocálica, en el habla poco cuidada, es casi siempre más relajada: *butter, mat*;

3) /t/ no aspirada, detrás de *s*: *still*;

4) /t/ con plosión lateral, seguida de *l*: *bottle*;

5) /t/ con plosión nasal, seguida de consonante nasal: *beaten*;

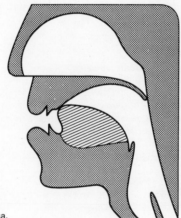

Fig. 32. La /t/ inglesa.

6) /t/ con plosión incompleta, seguida de otra oclusiva o una africada: *that day*;

7) /t/ africada, seguida de *r* (se pronuncian la *t* y la *r* con un sonido articulado, en lugar de separadamente, como en español): *train.*

**Variante**

En posición final, es frecuente oír una oclusión glotal /ʔ/ antes de producirse la oclusión linguoalveolar: *bit* /biʔt/.

### Comparación con el español

1) La /t/ inglesa es alveolar; la española, dental. Para pronunciar la /t/ inglesa correctamente hay que apoyar la lengua en los alvéolos y no contra los dientes.

2) La /t/ inglesa es aspirada siempre (excepto detrás de *s*). La /t/ española no es aspirada.

3) La /t/ no suele darse en español en posición final, excepto en palabras de origen extranjero. En inglés, los finales en *t* son muy frecuentes.

4) La *t* española no va nunca seguida de *l* o consonante nasal, por lo que no existen en español las plosiones lateral o nasal de la *t*.

5) La *tr* inglesa africada suena extraña a los oídos españoles. Compárese: *train* – tren.

### Realizaciones ortográficas *(spellings)*

t       –   *tin* /tin/; *later* /ˈleitə/; *bat* /bæt/
tt      –   *pottery* /ˈpɔtəri/; *nutty* /ˈnʌti/
**ed** final de los pasados y participios regulares, cuando el verbo termina en consonante sorda (excepto *t*):
       *stopped* /stɔpt/; *liked* /lɑikt/
excepción – **th** en algunas palabras:
       *Thames* /temz/; *Thomas* /ˈtɔməs/; *Anthony* /ˈætəni/ o /ˈænθəni/
**t** muda  –   *castle* /kɑːsl/; *listen* /lisn/; *fasten* /fɑːsn/; *Christmas* /ˈkrisməs/

### Palabras para practicar

aspirada en sílaba acentuada:

inicial     –   *time* /taim/; *take* /teik/; *tune* /tjuːn/
no inicial  –   *attend* /əˈtend/; *between* /biˈtwiːn/

débilmente aspirada en sílaba no acentuada:

intervocálica   –   *butter* /ˈbʌtə/; *letter* /ˈletə/
final           –   *beat* /biːt/; *boat* /bəut/; *late* /leit/

no aspirada detrás de *s*:

*steak* /steik/; *step* /step/; *stone* /stəun/

plosión lateral:

*little* /litl/; *bottle* /ˈbɔtl/; *kettle* /ˈketl/

plosión nasal:

> *eaten* /ˈiːtn/; *button* /ˈbʌtn/; *beaten* /ˈbiːtn/

plosión incompleta:

> *that dog* /ˈðæt ˈdɔg/;
> *a white tie* /ə ˈwait ˈtai/;
> *a great joke* /ə ˈgreit ˈdʒəuk/

*tr* africada:

> *try* /trai/; *train* /trein/; *street* /striːt/

**Frases para practicar**

- *Tell the butler to bring the butter* /ˈtel ðə ˈbʌtlə tə ˈbriŋ ðə ˈbʌtə/
- *Put that little bottle on the table* /ˈput ˈðæt ˈlitl ˈbɔtl ɔn ðə ˈteibl/
- *The boat was late but the train's on time* /ðə ˈbəut wəz ˈleit bʌt ðə ˈtreinz ɔn ˈtaim/

## 6. LA /d/

*Características*

oclusiva — *plosive*
alveolar — *alveolar*
sonora — *voiced*

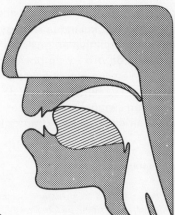

Fig. 33. La /d/ inglesa.

Al igual que la /t/, la /d/ inglesa es oclusiva y alveolar, pero, a diferencia de aquélla, la /d/ es sonora, al producirse vibración de las cuerdas vocales.

### Alófonos de la /d/

1) /d/ parcialmente sorda en posición inicial: *dog*;
2) /d/ sorda en posición final: *mad*;
3) /d/ plenamente sonora en posición intervocálica: *ladder\**;
4) /d/ con plosión lateral, seguida de *l*: *needle*;
5) /d/ con plosión nasal, seguida de consonante nasal: *trodden*;
6) /d/ con plosión incompleta, seguida de otra oclusiva o de una africada: *a red car*;
7) /dr/ africada - la *d* seguida de *r* se pronuncia en inglés con un sonido africado, articulado, en vez de separadamente, como en español. Compárese: *drill-mandril*.

### Variante

Aunque con menos frecuencia que en el caso de la /t/, también se oye a veces una oclusión glotal antes de la *d* en posición final: *bad* /bæ ʔ d/.

### Comparación con el español

1) La /d/ española es dental: la lengua se apoya contra los dientes. La /d/ inglesa es alveolar: la lengua se apoya en los alvéolos.
2) La /d/ española es fricativa en posición media o inicial no absoluta, y oclusiva detrás de *n* o *l* y en posición inicial absoluta. La /d/ inglesa es oclusiva en cualquier posición.
3) La /d/ española no va nunca seguida de *l* o consonante nasal, por lo que no existen en español las plosiones lateral o nasal de la *d*.
4) La /dr/ inglesa africada suena extraña a los oídos españoles.

### Realizaciones ortográficas

**d**  —  *do* /duː/; *dry* /drai/; *lord* /lɔːd/; *hiding* /ˈhaidiŋ/
**dd**  —  *ladder* /ˈlædə/; *fiddle* /ˈfidl/; *paddle* /ˈpædl/
**ed** final de los pasados y participios regulares, cuando el verbo termine en consonante sonora (excepto *d*) o vocal:
*loved* /lʌvd/
*played* /pleid/

---

\* En el habla poco cuidada es algo más relajada.

**d** muda — *handkerchief* /'hæŋkətʃiːf/; *sandwich* /'sænwitʃ/
*handsome* /'hænsʌm/; *Wednesday* /'wenzdi/

*Contraste* /t/ - /d/

1) En posición inicial, estos dos fonemas se distinguen por ser la /t/ aspirada y la /d/ no aspirada:

| /t/ | /d/ |
|------|------|
| tart | dart |
| tear | dare |
| ten | den |
| tip | dip |
| tale | dale |
| ton | done |

2) En posición intervocálica, se distinguen por ser la /d/ sonora y la /t/ sorda:

| /t/ | /d/ |
|--------|--------|
| latter | ladder |
| writer | rider |
| betting | bedding |

3) En posición final, se distinguen sobre todo por un pequeño alargamiento de la vocal delante de /d/.

| /t/ | /d/ |
|------|------|
| cot | cod |
| mat | mad |
| sat | sad |
| mate | made |
| bet | bed |
| bat | bad |

*Palabras para practicar*

inicial:

*do* /duː/; *day* /dei/; *date* /deit/

final:

*mad* /mæd/; *road* /rəud/; *bad* /bæd/

intervocálica:

*ladder* /'lædə/; *nodding* /'nɔdiŋ/; *loaded* /'ləudid/

plosión lateral:

*middle* /'midl/; *poodle* /'puːdl/; *pedal* /'pedl/

plosión nasal:

*sudden* /'sʌdn/; *trodden* /'trɔdn/; *sodden* /'sɔdn/

plosión incompleta:

*a red car* /ə 'red 'kɑː/; *a good cheese* /ə 'gud 'tʃiːz/; *a bad pain* /ə 'bæd 'pein/

*dr* africada:

*dry* /drai/; *drain* /drein/; *drip* /drip/

*Frases para practicar*

- *That lad in the red car must be mad* /'ðæt 'læd in ðə 'red 'kɑː məst bi 'mæd/
- *Suddenly the poodle was in the puddle* /'sʌdənli ðə 'puːdl wəz in ðə 'pʌdl/
- *This ladder is not good enough for dad* /ðis 'lædəz nɔt 'gud i'nʌf fə 'dæd/

## 7. LA /k/

*Características*

| | | |
|---|---|---|
| oclusiva | – | *plosive* |
| velar | – | *velar* |
| sorda | – | *voiceless* |

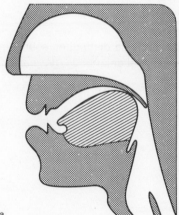

Fig. 34. La /k/ inglesa.

La /k/ inglesa es oclusiva, velar, sorda. Como todas las oclusivas, consta de dos tiempos: un primer tiempo de oclusión *(stop)* y un segundo de liberación del aire retenido *(release)*. Es velar, es decir, que la oclusión se produce apoyando el postdorso de la lengua contra el velo del paladar. Es *sorda:* no hay vibración de las cuerdas vocales.

### Alófonos de la /k/

1) /k/ aspirada, en sílaba acentuada, sobre todo en posición inicial: *kind*;

2) /k/ débilmente aspirada en sílaba no acentuada y en posición final: *baker, bank*;

3) /k/ no aspirada detrás de *s*: *skill*;

4) /k/ con plosión lateral, seguida de *l*: *uncle*;

5) /k/ con plosión nasal, seguida de consonante nasal: *bacon*;

6) /k/ con plosión incompleta, seguida de otra oclusiva o de una africada: *a black cat*.

### Variante

En posición final, es frecuente oír una oclusión glotal /ʔ/, antes de producirse la oclusión linguovelar: *back* /bæʔk/.

### Comparación con el español

1) La /k/ inglesa es aspirada, excepto detrás de *s*. La /k/ española no es aspirada.

2) La /k/ española no se da en posición final, excepto en palabras de origen extranjero. La /k/ es muy frecuente en esta posición en inglés.

3) La /k/ española no va seguida nunca de *l* o consonante nasal en posición final, por lo que los finales *kl/km* suenan extraños al español.

### Realizaciones ortográficas *(spellings)*

**más frecuentes**

| | | |
|---|---|---|
| k | — | *keep* /ki:p/; *king* /kiŋ/; *naked* /'neikid/; *leak* /li:k/ |
| ck | — | *pick* /pik/; *rock* /rɔk/; *pack* /pæk/ |
| c + a, o, u, r, l | — | *cake* /keik/; *cold* /kɔuld/; *clean* /kli:n/; *cream* /kri:m/ |
| cc + a, o, u, r, l | — | *accord* /ə'kɔ:d/; *acclaim* /ə'kleim/; *accustomed* /ə'kʌstəmd/ |

**otras de menor frecuencia**

| | |
|---|---|
| **qu** | – *quick* /kwik/; *queen* /kwi:n/; *conquer* /'kɔŋkə/ |
| **x** (ks) | – *expect* /iks'pekt/; *explain* /iks'plein/; *extra* /'ekstrə/; *taxi* /'tæksi/; *taxes* /'tæksiz/ |
| **ch** (sólo en algunas palabras) | – *chemist* /'kemist/; *stomach* /'stʌmək/; *choir* /kwaiə/ |
| **k** muda - **k** seguida de **n** | – *know* /nəu/; *knot* /nɔt/; *knit* /nit/, etc.; *muscle* /'mʌsl/ |

*Palabras para practicar*

## aspirada en sílaba acentuada:

| | |
|---|---|
| inicial | – *come* /kʌm/; *card* /ka:d/; *queue* /kju:/ |
| no inicial | – *increase* /'iŋ'kri:z/; *according* /ə'kɔ:diŋ/; *incur* /iŋ'kə:/ |

## débilmente aspirada en sílaba no acentuada:

| | |
|---|---|
| intervocálica | – *baker* /'beikə/; *biscuit* /'biskit/; *talking* /'tɔ:kiŋ/ |
| final | – *duck* /dʌk/; *bank* /bæŋk/; *desk* /desk/ |

## no aspirada detrás de *s*:

*scar* /ska:/; *skin* /skin/; *sky* /skai/

## plosión lateral:

*uncle* /'ʌŋkl/; *buckle* /'bʌkl/; *close* /kləus/

## plosión nasal:

*bacon* /'beikn/; *taken* /'teikn/; *spoken* /'spəukn/

## plosión incompleta:

*a black cat* /ə 'blæk 'kæt/; *dark grey* /'da:k 'grei/; *blackboard* /'blækbɔ:d/

*Frases para practicar*

- *She can come when she likes* /ʃi: kən 'kʌm wen ʃi: 'laiks/
- *The King kicked the black cat* /ðə 'kiŋ 'kikt ðə 'blæk 'kæt/
- *Good luck in your game of cards* /'gud 'lʌk in jə 'geim əv 'ka:dz/

## 8. LA /g/

*Características*

oclusiva – *plosive*
velar – *velar*
sonora – *voiced*

Al igual que la /k/, la /g/ es *oclusiva* y *velar,* pero a diferencia de aquélla la /g/ es *sonora.*

### Alófonos de la /g/

1) /g/ parcialmente sorda en posición inicial: *go*;
2) /g/ sorda en posición final: *bag*;
3) /g/ plenamente sonora, en posición intervocálica: *figure*;
4) /g/ con plosión lateral, seguida de *l*: *struggle*;
5) /g/ con plosión nasal, seguida de consonante nasal: *Morgan*;
6) /g/ con plosión incompleta, seguida de otra oclusiva o de una africada: *a big game.*

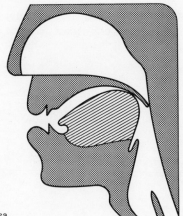

Fig. 35. La /g/ inglesa.

**Variante**

Aunque con menos frecuencia que en el caso de la /k/, también se oye a veces una oclusión glotal, antes de la *g,* en posición final: *big* /biʔg/.

### Comparación con el español

1) La /g/ española es fricativa en posición inicial no absoluta y en medio de palabra, y oclusiva en posición inicial absoluta o detrás de consonante nasal. La /g/ inglesa es siempre oclusiva.

2) La /g/ española no se da en posición final. La /g/ inglesa es muy frecuente en posición final.

3) La plosión nasal no ocurre en español; la plosión lateral en posición final suena también extraña.

*Realizaciones ortográficas (spellings)*

**g** – *girl* /gəːl/; *geese* /giːs/; *angry* /'æŋgri/; *dog* /dɔg/; *ghost* (*h* muda) /gəust/; *guard* (*u* muda) /gɑːd/; *guest* (*u* muda) /gest/

**gg** – *egg* /eg/; *smuggle* /'smʌgl/; *flogging* /'flɔgiŋ/

**gh** muda – *light* /lait/; *sight* /sait/; *brought* /brɔːt/; *bought* /bɔːt/, etc.
      *sigh* /sai/; *neigh* /nei/; *bough* /bau/; *though* /ðəu/, etc.

*Contraste* /k/ - /g/ **O**

1) En posición inicial, estos dos fonemas se distinguen por ser la /k/ aspirada y la /g/ no aspirada:

| /k/ | /g/ |
|---|---|
| *coat* | *goat* |
| *come* | *gum* |
| *came* | *game* |
| *coal* | *goal* |
| *cap* | *gap* |

2) En posición intervocálica, se distinguen por ser la /g/ sonora y la /k/ sorda:

| /k/ | /g/ |
|---|---|
| *backing* | *bagging* |
| *bicker* | *bigger* |
| *anchor* | *anger* |
| *pecking* | *pegging* |

3) En posición final, se distinguen por un pequeño alargamiento de la vocal delante de /g/:

| /k/ | /g/ |
|---|---|
| *pick* | *pig* |
| *leak* | *league* |
| *back* | *bag* |
| *duck* | *dug* |
| *lock* | *log* |

inicial:
*go* /gəu/; *goose* /gu:s/; *goat* /gəut/

final:
*bag* /bæg/; *dog* /dɔg/; *plug* /plʌg/

intervocálica:
*eager* /'i:gə/; *figure* /'figə/; *beggar* /'begə/

plosión lateral:
*eagle* /'i:gl/; *angle* /'æŋgl/; *struggle* /'strʌgl/

plosión nasal:
*organ* /'ɔ:gn/; *Morgan* /'mɔ:gn/

plosión incompleta:
*a big goat* /ə 'big 'gəut/; *egg-cup* /'eg kʌp/; *begged* /begd/

*Frases para practicar*

- *Give the frog to the pig* /'giv ðə 'frɔg tə ðə 'pig/
- *Put the glass back in the bag* /'put ðə 'glɑ:s bæk in ðə 'bæg/
- *He begged for the gold at the gate* /hi 'begd fə ðə 'gəuld ət ðə 'geit/

## 9. LAS CONSONANTES FRICATIVAS

*Características generales*

1) En lugar de por una oclusión del aire, como las oclusivas, las fricativas se producen mediante una fricción o roce del aire debida al estrechamiento del canal bucal.

2) De las diez consonantes fricativas inglesas, cinco son sordas y cinco sonoras:

   cinco sordas: /f/ /θ/ /s/ /ʃ/ /h/
   cinco sonoras: /v/ /ð/ /z/ /ʒ/ /r/

3) Las fricativas sordas se pronuncian con mayor energía y la duración de la fricción es mayor que en el caso de las sonoras.

4) Las fricativas sonoras pierden parte de su sonoridad en posición final, por lo que los pares de fricativas sorda/sonora en esta posición se distinguen más bien por la duración de la fricción y la longitud de la vocal precedente:

fricativa sorda: mayor fuerza de fricción, vocal anterior algo más corta;

fricativa sonora: menor fuerza de fricción, vocal anterior algo más larga.

## 10. LA /f/

*Características*

fricativa – *fricative*
labiodental – *labio-dental*
sorda – *voiceless*

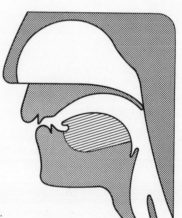

Fig. 36. La /f/ inglesa.

La /f/ inglesa es fricativa, labiodental. El aire sale por el estrecho canal formado por los dientes superiores y el labio inferior. Es sorda: no hay vibración de las cuerdas vocales. Este es el único alófono del fonema inglés /f/.

*Comparación con el español*

El fonema /f/ español y el fonema /f/ inglés son prácticamente iguales, por lo que la pronunciación de la *f* inglesa no ofrece dificultad al estudiante español, excepto quizás en posición final, en la que rara vez aparece en nuestro idioma (sólo en sonidos onomatopéyicos: "plaf").

### Realizaciones ortográficas *(spellings)*

**más frecuentes**

    **f** – *fail* /feil/; *Africa* /'æfrikə/; *life* /laif/
    **ff** – *suffer* /'sʌfə/; *stiff* /stif/; *staff* /stɑːf/

**otras de menor frecuencia**

    **ph** – *photograph* /'fəutəgrɑːf/; *elephant* /'elifənt/
        *physics* /'fiziks/; *philosophy* /fi'lɔsəfi/
    **gh** – (sólo en algunas palabras) *laugh* /lɑːf/; *enough* /i'nʌf/; *tough* /tʌf/;
        *cough* /kɔf/; *rough* /rʌf/
    excepción: *lieutenant* /lef'tenənt/

### Palabras para practicar  O

inicial:
*fig* /fig/; *feather* /'feðə/; *fail* /feil/

medial:
*affair* /ə'fɛə/; *suffer* /'sʌfə/; *selfish* /'selfiʃ/

final:
*leaf* /liːf/; *loaf* /ləuf/; *enough* /i'nʌf/

### Frases para practicar  O

  – *The staff had a good laugh at the fun-fair*
    /ðə 'stɑːf hæd ə 'gud 'lɑːf ət ðə 'fʌn fɛə/
  – *Find my wife a maid*
    /'faind mai 'waif ə 'meid/
  – *The elephant flew into the air and fell on to the roof*
    /ði 'elifənt 'fluː intə ði 'ɛə ən 'fel ɔn tə ðə 'ruːf/

*Características*

fricativa – *fricative*
labiodental – *labio-dental*
sonora – *voiced*

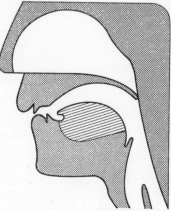

Fɪɢ. 37.  La /v/ inglesa.

Al igual que la /f/, la /v/ inglesa es fricativa, labiodental, lo que quiere decir que se produce rozando el aire por el estrecho pasillo que dejan los dientes superiores y el labio inferior, pero a diferencia de la /f/, la /v/ es sonora. Sólo existe este alófono de la /v/.

*Comparación con el español*

En español se da el caso paradójico de existir la *v* escrita, pero no el fonema /v/; el español pronuncia la *v* como *b* en todos los casos\*; debe procurar, por consiguiente, pronunciar la *v* inglesa con un sonido fricativo labiodental y nunca oclusivo o fricativo bilabial:

*very* /ˈveri/, y no /ˈberi/ o /ˈƀeri/

*Realizaciones ortográficas (spellings)*

**v** –  *veal* /viːl/; *vice* /vais/; *event* /iˈvent/; *love* /lʌv/
casos excepcionales: *of* /əv/; *nephew* /ˈnevjuː/

---

\*  Salvo determinadas variantes regionales.

### inicial:
*view* /vju:/; *vacant* /'veikənt/; *village* /'vilidʒ/

### medial:
*lover* /'lʌvə/; *silver* /'silvə/; *event* /i'vent/

### final:
*give* /giv/; *dove* /dʌv/; *move* /mu:v/

## Frases para practicar

*Give me the silver knives, please*
/'giv mi ðə 'silvə 'nɑivz 'pli:z/

*You have a very good view from the village inn*
/ju hæv ə 'veri 'gud 'vju: frəm ðə 'vilidʒ 'in/

*That's the vet's nephew in the van*
/'ðæts ðə 'vets 'nevju: in ðə 'væn/

### 12. LA /θ/

## Características

fricativa – *fricative*
interdental – *interdental*
sorda – *voiceless*

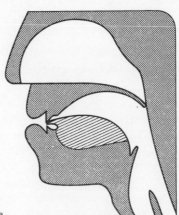

FIG. 38. La /θ/ inglesa.

La /θ/ es una consonante fricativa que se produce al rozar el aire a su paso por el estrecho canal que deja el ápice de la lengua, al apoyarse contra los dientes superiores. Es sorda: no hay vibración de las cuerdas vocales. A efectos prácticos, la /θ/ inglesa tiene sólo el alófono descrito.

### Comparación con el español

El fonema inglés /θ/ no presenta dificultades a los estudiantes de habla española por su similitud con la *z* de "zapato", por ejemplo. Si acaso, puede apuntarse que la *z* española se articula apretando la lengua algo más contra los dientes superiores, pero la diferencia, en cualquier caso, es mínima y no debe preocupar.

### Realizaciones ortográficas *(spellings)*

El fonema /θ/ se escribe siempre *th,* pero la *th* no siempre se pronuncia /θ/. La *th* equivale a /θ/ en los siguientes casos:

1) En posición inicial, salvo contadas excepciones (véanse realizaciones ortográficas de /ð/):

   *thief* /θiːf/; *thing* /θiŋ/; *thorn* /θɔːn/

2) En posición medial, por lo general sólo en palabras de origen clásico:

   *method* /'meθəd/; *cathedral* /kə'θidrəl/; *author* /'ɔːθə/

3) En posición final, salvo excepciones (véanse realizaciones ortográficas de /ð/):

   *both* /bəuθ/; *truth* /truːθ/; *bath* /bɑːθ/

### Palabras para practicar

inicial:
*thief* /θiːf/; *Thursday* /'θəːzdi/; *throw* /θrəu/

medial:
*panther* /'pænθə/; *method* /'meθəd/; *author* /'ɔːθə/

final:

*health* /helθ/; *smith* /smiθ/; *bath* /bɑ:θ/

*Frases para practicar*  O

- *The smith had a bath on Thursday*
  /ðə 'smiθ həd ə 'bɑ:θ ɔn 'θə:zdi/
- *Give me both the fourth and the fifth*
  /'giv mi 'bəuθ ðə 'fɔ:θ ən ðə 'fifθ/
- *The thief cut his finger with a thorn*
  /ðə 'θi:f 'kʌt hiz 'fiŋgə wið ə 'θɔ:n/

## 13. LA /ð/

*Características*

fricativa – *fricative*
interdental – *interdental*
sonora – *voiced*

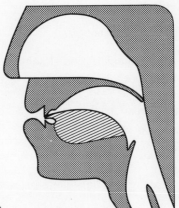

FIG. 39. El fonema /ð/ inglés.

Al igual que la /θ/, con la que forma par, la /ð/ inglesa es fricativa, interdental; pero a diferencia de aquélla, la /ð/ es sonora. Este es el único alófono del fonema /ð/.

### Comparación con el español

En español, la /ð/ no existe como fonema, sí existe, no obstante, como sonido, alófono de la /d/ en posición medial. El estudiante de habla española debe aprender a usar el fonema inglés /ð/ en posición inicial, donde no se encuentra en su idioma:

*this* /ðis/; *that* /ðæt/; etc.

También puede ofrecer cierta dificultad la pronunciación del grupo final /ðz/ de algunos plurales:

*mouths* /mauðz/; *clothes* /kləuðz/, etc.

### Realizaciones ortográficas

El fonema inglés /ð/ se escribe siempre *th*, pero, como hemos visto, la *th* no siempre se pronuncia /ð/; el grupo *th* equivale a /ð/:

1)   En posición inicial, sólo en palabras gramaticalmente funcionales:

*this* /ðis/; *that* /ðæt/; *these* /ði:z/; *those* /ðəuz/
*the* /ðə/ o /ði/; *they* /ðei/; *them* /ðəm/; *their* /ðɛə/
*theirs* /ðɛəz/; *though* /ðəu/; *then* /ðen/; *there* /ðɛə/
y sus compuestos *thereby* /'ðɛəbai/; *therefore* /'ðɛəfɔ:/, etc.

2)   En posición medial, generalmente en palabras de origen sajón:

*brother* /'brʌðə/; *mother* /'mʌðə/; *bother* /'bɔðə/; *leather* /'leðə/, etc.

3)   En posición final:

*a)*   en las palabras terminadas en *the*:

*soothe* /su:ð/; *bathe* /beið/; *seethe* /si:ð/

*b)*   en los plurales de algunas palabras terminadas en *th*:

*mouths* /mauðz/; *clothes* /kləuðz/

*c)*   en la preposición *with* /wið/, y alguna otra palabra aislada, como:

*smooth* /smu:ð/

### Palabras para practicar   O

inicial:

*this* /ðis/; *there* /ðɛə/; *those* /ðəuz/

medial:

*brother* /'brʌðə/; *leather* /'leðə/; *together* /tə'geðə/

final:

*bathe* /beið/; *soothe* /su:ð/; *with* /wið/

grupo:

*mouths* /mɑuðz/; *clothes* /kləuðz/

*Frases para practicar* O

- *This is very smooth leather*
  /ðis iz 'veri 'smu:ð 'leðə/
- *The bathers left their clothes on the path*
  /ðə 'beiðəz 'left ðɛə 'kləuðz ɔn ðə 'pɑ:θ/
- *The brothers opened their mouths together*
  /ðə 'brʌðəz 'əupənd ðɛə 'mɑuðz tə'geðə/

**14. LA** /s/

*Características*

fricativa – *fricative*
alveolar – *alveolar*
sorda – *voiceless*

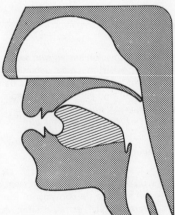

Fɪɢ. 40. La /s/ inglesa.

La /s/ inglesa es un sonido fricativo que se produce al rozar el aire por el estrecho canal formado por el predorso de la lengua y los alvéolos superiores. Esta fricción produce un silbido característico, razón por la cual este sonido recibe también el nombre de "silbante". La /s/ es sorda.

### Alófonos de la /s/

Aunque la realización fonética de la /s/ varía mucho de unas personas a otras, según acerquen la lengua a los dientes o a los alvéolos y según se articule con el ápice de la lengua o con el predorso, dado que todos los sonidos producidos tienen el mismo carácter (silbante), a efectos prácticos, sólo se considera, generalmente, el alófono único ya descrito: fricativo, alveolar, sordo.

### Comparación con el español

Especial atención deben poner los andaluces al pronunciar la /s/ inglesa para evitar el ceceo (pronunciación de la *s* como *z*) y en no "comerse" las *s* finales. Por lo demás la /s/ sorda no presenta grandes problemas.

### Realizaciones ortográficas *(spellings)*

**más frecuentes**

    **s –** 1) en posición inicial: *sun*; *soon*
         2) en posición media, delante de consonante sorda: *despair*
         3) en posición final, detrás de consonante sorda: *cups*; *cakes*; o en algunas palabras aisladas: *house*; *mouse*
    **ss –** *kiss*; *grass*; *passing*
    **c + e o i –** *face*; *race*; *cinema*; *city*

**otras de menor frecuencia**

    **sc + e o i –** *scene* /siːn/; *scent* /sent/; *science* /saiəns/
    **x –** (ks) seguida de consonante o precedida de vocal acentuada: *explore* /iksˈplɔː/; *extra* /ˈekstrə/; *taxi* /ˈtæksi/
    **s** muda – *island* /ˈailənd/

inicial:
*sample* /'sæmpl/; *soil* /sɔil/; *Sunday* /'sʌndi/

inicial líquida:
*Spain* /spein/; *stone* /stəun/; *smoke* /sməuk/

medial:
*pencil* /'pensil/; *bosses* /'bɔsiz/; *concert* /'kɔnsəːt/

final:
*house* /haus/; *price* /prais/; *famous* /'feiməs/

final en grupo:
*tents* /tents/; *cups* /kʌps/; *cats* /kæts/

*Frases para practicar*  O

*What´s the price of the house?*
/'wɔts ðə 'prais əv ðə 'haus/
*Her niece had to see the police*
/hə 'niːs həd tə 'siː ðə pə'liːs/
*I saw him on Saturday but not on Sunday*
/ai 'sɔː him ɔn 'sætədi bʌt nɔt ɔn 'sʌndi/

## 15. LA /z/

*Características*

fricativa – *fricative*
alveolar – *alveolar*
sonora – *voiced*

Al igual que su par, la /s/ sorda, la /z/ es fricativa, alveolar, pero, a diferencia de aquélla, la /z/ es sonora.

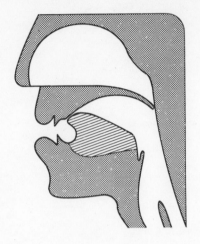

Fig. 41. La /z/ inglesa.

### Alófonos

1) Plenamente sonora en posición intervocálica:

   *easy* /'iːzi/

2) Parcialmente sorda en posición inicial y sobre todo final:

   *heads* /hedz/


### Comparación con el español

En español no existe /z/ como fonema. Sí existe, no obstante, como alófono de /s/ delante de consonante sonora: *mismo* /mizmo/.

El estudiante de habla española debe aprender a diferenciar claramente entre la /s/ sorda y la /z/ sonora, procurando sobre todo:

1) Pronunciar la /z/ plenamente sonora en posición inicial y sobre todo medial:

   *lazy* /'leizi/, no /'leisi/
   *zoo* /zuː/, no /suː/

2) Pronunciar la /z/ en posición final, parcialmente sorda, alargando algo la vocal anterior. En posición final, la /s/ y la /z/ se distinguen más por la duración combinada de la vocal y la consonante correspondiente, que por el contraste sorda/sonora:

Las palabras que terminan en /s/ se pronuncian con la vocal anterior algo más corta y la consonante /s/ más larga.

Las palabras que terminan en /z/ se pronuncian con la vocal anterior ligeramente más larga y la consonante /z/ más corta (escúchese en la grabación el contraste /s/z/).

### Resumen de la pronunciación de la s final

La s final se pronuncia:

a)  con /s/:

1)  cuando va precedida de consonante sorda:

caps /kæps/

2)  cuando se escribe con c:

race /reis/

3)  cuando la palabra termina en x:

box /bɔks/; six /siks/

4)  en algunas palabras aisladas:

house /haus/; generous /ˈdʒenərəs/

b)  con /z/:

1)  precedida de consonante sonora o vocal:

pigs /pigz/; trays /treiz/

2)  cuando se escribe con z:

buzz /bʌz/; jazz /dʒæz/; graze /greiz/

3)  la s del genitivo sajón (se pronuncia /iz/) cuando antecede un sonido silbante:

Alice's doll /ˈælisizˈdɔl/

### Realizaciones ortográficas (spellings)

**más frecuentes**

**s** – 1) en medio de palabra, entre vocales o delante de consonante sonora:
*thousand* /'θauzənd/; *husband* /'hʌzbənd/
2) en posición final, detrás de vocal o consonante sonora:
*rose* /rəuz/; *hands* /hændz/; *legs* /legz/
**z** – *zeal* /ziːl/; *zip* /zip/; *lazy* /'leizi/
**zz** – *dizzy* /'dizi/; *puzzle* /'pʌzl/; *buzz* /bʌz/

**otras de menor frecuencia**

**x** = (gz) + vocal acentuada o *h* muda: *exactly* /ig'zætli/; *exhaust* /ig'zɔːst/

*Palabras para practicar*

inicial:

*zip* /zip/; *zero* /'ziərəu/; *zoo* /zuː/

medial:

*easy* /'iːzi/; *thousand* /'θauzənd/; *husband* /'hʌzbənd/

final:

*lose* /luːz/; *boys* /bɔiz/; *peas* /piːz/

*Contraste* /s/ – /z/

*close* /kləus/ (prep.) – *close* /kləuz/ (verbo)
*ice* /ais/ — *eyes* /aiz/
*price* /prais/ — *prize* /praiz/
*place* /pleis/ — *plays* /pleiz/
*loose* /luːs/ — *lose* /luːz/
*peace* /piːs/ — *peas* /piːz/
*rice* /rais/ — *rise* /raiz/

*Frases para practicar* O

- *The cows were grazing in the fields*
  /ðə ˈkauz wə ˈgreiziŋ in ðə ˈfiːldz/
- *Don't lose that cheese, please*
  /ˈdəunt ˈluːz ˈðæt ˈtʃiːz ˈpliːz/
- *They've already closed the zoo*
  /ðeiv ˈɔːlrədi ˈkləuzd ðə ˈzuː/

## 16. LA /ʃ/

**Características**

fricativa – *fricative*
palatoalveolar – *palato-alveolar*
sorda – *voiceless*

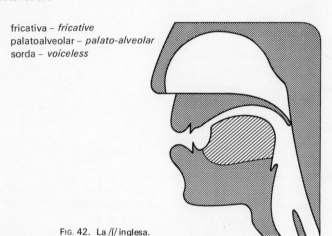

FIG. 42. La /ʃ/ inglesa.

La /ʃ/ inglesa es un sonido fricativo que se produce al rozar el aire por el estrecho canal formado por el ápice y predorso de la lengua y la zona comprendida entre los alvéolos y el paladar. Al igual que la /s/ y la /z/, pertenece a la categoría de sonidos silbantes. La /ʃ/ es sorda. Sólo tiene el alófono descrito.

**Comparación con el español**

Este sonido silbante es nuevo para el español, que lo confunde con la ch /tʃ/ o con la /s/. Para evitar estos errores debe tenerse en cuenta:

1) La *ch* /tʃ/ y la *sh* /ʃ/ son sonidos diferentes: en el primero se produce una oclusión alveolar que no existe en el segundo, que es pura fricción del aire. (Véase contraste /tʃ/ - /ʃ/.)

2) A aquellos que confunden la /ʃ/ con la /s/, aparte de hacerles observar que la /ʃ/ es palatoalveolar y la /s/ alveolar, puede aconsejárseles abocinar los labios ligeramente al pronunciar la /ʃ/:

| /s/ | /ʃ/ |
|------|------|
| see | she |
| sell | shell |
| seat | sheet |
| sort | short |
| soul | shoal |
| sigh | shy |

### Realizaciones ortográficas *(spellings)*

**más frecuentes**

> **sh** — *shoe* /ʃuː/; *bishop* /'biʃɔp/; *fish* /fiʃ/
> **ti** — *station* /'steiʃn/; *nation* /'neiʃn/; *position* /pə'ziʃn/

**otras de menor frecuencia**

> varios — *mansion* /'mænʃən/; *special* /'speʃl/; *ocean* /'əuʃn/;
> *sure* /ʃuə/; *sugar* /'ʃugə/; *assure* /ə'ʃuə/;
> *machine* /mə'ʃiːn/; *Asia* /'eiʃə/; **schedule** /'ʃedjuːl/

### Palabras para practicar  ○

inicial:

> *ship* /ʃip/; *shoe* /ʃuː/; *shop* /ʃɔp/

medial:

> *bishop* /'biʃɔp/; *special* /'speʃl/; *position* /pə'ziʃn/

final:

*dish* /diʃ/; *cash* /kɑːʃ/; *rush* /rʌʃ/

***Frases para practicar*** O

- *She sewed the shirt and shorts*
  /ʃi ˈsəud ðə ˈʃəːt ən ˈʃɔːts/
- *Here's a dish of fresh fish*
  /ˈhiəz ə ˈdiʃ əv ˈfreʃ ˈfiʃ/
- *The Irish girl wore old-fashioned shoes*
  /ði ˈaiəriʃ ˈgəːl ˈwɔː ˈəuld fæʃənd ˈʃuːz/
- *She sells sea-shells by the sea-shore*
  /ʃi ˈselz ˈsiː ʃelz bai ðə ˈsiː ʃɔː/

## 17. LA /ʒ/

**Características**

fricativa – *fricative*
palatoalveolar – *palato-alveolar*
sonora – *voiced*

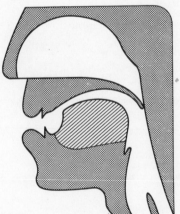

FIG. 43. La /ʒ/ inglesa.

Al igual que su par, la /ʃ/, la /ʒ/ inglesa es fricativa, palatoalveolar; pero, a diferencia de aquélla, la /ʒ/ es sonora. Sólo tiene este alófono.

**Comparación con el español**

Dado que no existe ningún sonido parecido en español, hay que aprenderlo de viva voz, oyéndolo repetidas veces.

A aquellos que lo confunden con /s/, dado su carácter silbante, puede aconsejárseles poner los labios ligeramente abocinados para pronunciar /ʒ/.

### Realizaciones ortográficas (spellings)

El fonema /ʒ/, que en realidad aparece en pocas palabras, se presenta escrito como:

**si** – *collision* /kə'liʒn/; *division* /di'viʒn/; *television* /teli'viʒn/
**su** – *pleasure* /'pleʒə/; *treasure* /'treʒə/; *leisure* /'leʒə/
**g** – (en palabras tomadas recientemente del francés):
*prestige* /prəs'ti:ʒ/; *rouge* /ru:ʒ/; *beige* /beʒ/

### Palabras para practicar O

inicial:

(muy raro) *gigolo* /'ʒigələu/

medial:

*usually* /'ju:ʒŭəli/; *measure* /'meʒə/; *decision* /də'siʒən/

final:

*rouge* /ru:ʒ/; *prestige* /prəs'ti:ʒ/; *garage* /'gæriʒ/ o /'gærɑ:ʒ/

### Frases para practicar O

- *She treasures her leisure*
/ʃi 'treʒəz hə 'leʒə/
- *Has she a garage?*
/hæz ʃi ə 'gæriʒ/
- *There was confusion after the collision*
/ðə wəz kən'fju:ʒn ɑ:ʃtə ðə kə'liʒn/

# 18. LA /r/

*Características* (véase alófonos de la *r*)

*alófonos de la* /r/

1) /r/  fricativa – *fricative*
      postalveolar – *post-alveolar*
      sonora – *voiced*

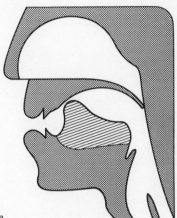

Fig. 44. La /r/ fricativa inglesa.

Es el alófono más corriente de la /r/ inglesa, y además el único posible en posición inicial. Se articula por medio de una fricción del aire que tiene lugar al resbalar el ápice de la lengua en la zona inmediatamente posterior a los alvéolos superiores. Los bordes de la parte posterior de la lengua tocan los molares superiores y el dorso y predorso de la misma toman forma ligeramente cóncava. Hay vibración de las cuerdas vocales.

2) /r/  vibrante simple – *flapping*
      alveolar – *alveolar*
      sonora – *voiced*

Muchos ingleses que hablan con la pronunciación GB o RP (véase cap. 1, núm. 10), emplean este alófono de la /r/ en posición intervocálica o final cuando va unida a la palabra siguiente (*linking* /r/). Esta variante es parecida a la *r* simple española. Se produce dando un ligero golpe (brevísimo) en los alvéolos con la punta de la lengua. El sonido resultante se parece algo a la /d/ inglesa intervocálica, de la que se distingue, no obstante, porque el contacto de la lengua con los alvéolos es más rápido, produciendo sólo una pequeña vibración (óigase la grabación: "Palabras para practicar").

### La r final

La r final de sílaba no se pronuncia en inglés británico, al menos en la pronunciación estándar (GB o RP):

*car* /kɑː/; *party* /'pɑːti/; *garden* /'gɑːdn/

### La r de enlace (linking r)

Cuando se presentan dos palabras seguidas, unidas por lazos sintácticos, y la primera termina en *r* y la segunda empieza por vocal, se pronuncian juntas haciendo sonar la *r*; es lo que se llama *"r de enlace"* o *linking r*:

*far away* /'fɑːrə'wei/
*for all* /fər'ɔːl/; *a pair of shoes* /ə'pɛərəv 'ʃuːz/

Esta /r/ de enlace puede pronunciarse con cualquiera de los dos alófonos descritos.

El enlace no tiene lugar cuando la vocal de la última sílaba va precedida, a su vez, de *r*:

*nearer and nearer* /'niərə ən'niərə/

### La r intrusa (intrusive r)

Por analogía con la *r* de enlace, algunos ingleses, en el habla descuidada, introducen una *r* de más cuando una palabra acaba en /ə/. Los alumnos españoles harán bien en evitar esta *r* intrusa:

*the sofa over there* /ðə'səufərəuvə'ðɛə/
*Asia and Africa* /'eiʃərənd 'æfrikə/
*India and Pakistan* /'indiərən pækis'tɑːn/

### Comparación con el español

En español existen dos fonemas para la *r*:

la /r/ vibrante simple: *caro, pero*
la /r/ vibrante múltiple: *carro, perro, rato*

En inglés sólo existe un fonema /r/, que se pronuncia igual tanto si se escribe con *r* como con *rr*.

El estudiante de habla española debe aprender a producir el alófono fricativo de la /r/ inglesa que es con mucho el más frecuente, además de ser el único posible en posición inicial:

*road* /rəud/; *rang* /ræŋ/; *red* /red/

En posición media o final de enlace, además del sonido fricativo, puede usar si quiere el vibrante simple, cuidando de que la vibración sea muy rápida, evitando en cualquier caso la vibración múltiple de la *rr* española:

*lorry* /'lɔri/; *ferry* /'feri/

### Realizaciones ortográficas

**r** — *rags* /rægz/; *raw* /rɔ:/; *rusty* /'rʌsti/; *wrap* /ræp/
*shrug* /ʃrʌg/; *very* /'veri/
**rr** — *arrive* /ə'raiv/; *lorry* /'lɔri/; *hurry* /'hʌri/

### Palabras para practicar

inicial:

*rock* /rɔk/; *rest* /rest/; *rude* /ru:d/

medial:

*mirror* /'mirə/; *sorry* /'sɔri/; *arrow* /'ærəu/

*r* de enlace:

*a poor old man* /ə'puər'əuld'mæn/; *there are two* /ðɛərə'tu:/
*far away* /'fɑ:rə'wei/; *a pair of shoes* /ə'pɛərəv'ʃu:z/

en grupos de consonantes:

*price* /prais/; *throw* /θrəu/; *shrug* /ʃrʌg/
*green* /gri:n/

*dr – tr* africadas:

*try* /trai/; *tray* /trei/; *dry* /drai/

***Frases para practicar*** **O**

- *How will he travel, by road or by rail?*
  /'hau wil hi 'trævl bai 'rəud ɔ: bai 'reil/
- *You've written it wrong*
  /juːv 'ritn it 'rɔŋ/
- *She ran round and round the rock*
  /ʃi 'ræn'raund ən'raund ðə'rɔk/

## 19. LA /h/

***Características***

> fricativa – *fricative*
> glotal – *glottal*
> sorda – *voiceless*

La /h/ inglesa se produce por medio de un roce del aire en la zona comprendida entre la glotis y la región uvular, resultando una aspiración, característica de este sonido (cuando la *h* se pronuncia, se dice que es aspirada; cuando no se pronuncia, muda). La /h/ inglesa es sorda. A efectos prácticos, sólo se considera este único alófono: fricativo, glotal, sordo.

***Comparación con el español***

La /h/ inglesa, en lo que se refiere a su pronunciación, no tiene nada que ver ni con la *h* española, que es siempre muda, ni con la *j* /x/, que es velar y no glotal. Debe evitarse, al pronunciar la *h* inglesa aspirada, efectuar el roce en el velo del paladar. El roce es posterior, en la glotis, cuidando de que el sonido sea aspirado.

***Realizaciones ortográficas*** *(spellings)*

**más frecuentes**

**h** – siempre a principio de sílaba (a final de sílaba la *h* es muda):
*hat* /hæt/; *hole* /həul/; *behave* /biˈheiv/; *behind* /biˈhaind/

**otras de menor frecuencia**

**wh** – sólo en: *who* /huː/; *whose* /huːz/; *whom* /huːm/
[en el resto de las palabras que empiezan por *wh* la *h* es muda en BG/(RP)]

**h** muda – *hour* /auə/; *honest* /ˈɔnist/; *honour* /ˈhɔnə/; *heir* /ɛə/
*vehicle* /ˈviːikl/; *shepherd* /ˈʃepəd/; *bah* /bɑː/; *ah* /ɑː/
*when* /wen/; *why* /wai/, etc.

**gh** muda – *night* /nait/; *thought* /θɔːt/; *brought* /brɔːt/; *right* /rait/
*straight* /streit/, etc.; *though* /ðəu/; *bough* /bau/

*Palabras para practicar* o

inicial:

*heat* /hiːt/; *ham* /hæm/; *hate* /heit/

medial:

*behave* /biˈheiv/; *behind* /biˈhaind/; *perhaps* /pəˈhæps/

*Frases para practicar* o

– *Hold your hands above your head*
/ˈhəuld jəˈhændz əˈbʌv jə ˈhed/
– *Have you had a happy holiday*
/həv ju hæd ə ˈhæpi ˈhɔlidei/
– *Tell her to behave, her husband is here*
/ˈtel hə tə biˈheiv həˈhʌzbəndzˈhiə/

## 20. CONSONANTES AFRICADAS

*Características generales*

Se llaman "consonantes africadas" aquellas que constan de una oclusión seguida de una fricción. El paso de la oclusión a la fricción no es brusco, sino gradual, y ocurre en la misma zona en donde tiene lugar la oclusión.

En inglés hay dos consonantes africadas: una sorda, /tʃ/, y otra sonora, /dʒ/. En ambas, la oclusión tiene lugar en los alvéolos, y la fricción, en la zona palatoalveolar.

Los sonidos articulados *tr* y *dr,* ya estudiados, son también africados, pero generalmente se consideran como dos fonemas *t* + *r* y *d* + *r,* y no como uno solo.

### 21. LA /tʃ/

*Características*

africada – *affricate*
palatoalveolar – *palato-alveolar*
sorda – *voiceless*

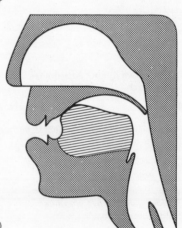

FIG. 45. La /tʃ/ inglesa (tiempo de oclusión)

El fonema /tʃ/ inglés es africado, es decir, su articulación se produce mediante una oclusión primero, seguida de un roce o fricción del aire en el mismo lugar donde se produce la oclusión. El paso de una posición a otra es gradual, de tal manera que cabe hablar de un solo sonido y no de dos. Oclusión y roce del aire tienen lugar en la zona comprendida entre los alvéolos y el paladar. En el primer tiempo de su articulación, se apoya el predorso de la lengua en dicha zona e inmediatamente se deja salir el aire, produciéndose el sonido africado. No hay vibración de las cuerdas vocales. La /tʃ/ inglesa sólo tiene el alófono descrito.

### Comparación con el español

El fonema /tʃ/ inglés y el español /ĉ/ son muy similares. De todas maneras, conviene recordar que la *ch* española es palatal, por lo que se articula más atrás en la boca que la /tʃ/ inglesa, que es palatoalveolar. Por otra parte, pueden plantear algún problema las palabras terminadas en /tʃ/ ya que la *ch* no se da en esta posición en español.

### Realizaciones ortográficas *(spellings)*

**más frecuentes**

    **ch** — *cheese* /tʃiːz/; *charge* /tʃɑːdʒ/; *orchard* /ˈɔːtʃəd/; *rich* /ritʃ/

**otras de menor frecuencia** .

    **ture** — *picture* /ˈpiktʃə/; *adventure* /ədˈventʃə/; *future* /ˈʃjuːtʃə/
    **tion** (precedido de *s*) — *question* /ˈkwestʃən/
    **tch** — *catch* /kætʃ/; *butcher* /ˈbutʃə/; *wretched* /ˈretʃid/

### Palabras para practicar  O

inicial:

    *cheese* /tʃiːz/; *chap* /tʃæp/; *chicken* /ˈtʃikn/

medial:

    *picture* /ˈpiktʃə/; *butcher* /ˈbutʃə/; *question* /ˈkwestʃən/

final:

    *much* /mʌtʃ/; *coach* /kəutʃ/; *church* /tʃəːtʃ/

### Contraste /ʃ/ - /tʃ/

| | |
|---|---|
| *ship* /ʃip/ | — *chip* /tʃip/ |
| *shop* /ʃɔp/ | — *chop* /tʃɔp/ |
| *wash* /wɔʃ/ | — *watch* /wɔtʃ/ |
| *dish* /diʃ/ | — *ditch* /ditʃ/ |
| *washing* /ˈwɔʃiŋ/ | — *watching* /ˈwɔtʃiŋ/ |

- *Buy some cheap cheese for the children*
  /'bai səm 'tʃiːp 'tʃiːz fə ðə 'tʃildrən/
- *Please, fetch my watch from the kitchen*
  /'pliːz 'fetʃ mai 'wɔtʃ frəm ðə 'kitʃən/
- *I'd choose some chips for muy chicken*
  /aid 'tʃuːz səm 'tʃips fə mai 'tʃikən/

## 22. LA /dʒ/

### Características

africada – *affricate*
palatoalveolar – *palato-alveolar*
sonora – *voiced*

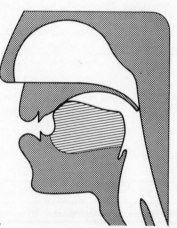

Fɪɢ. 46. La /dʒ/ inglesa (tiempo de oclusión).

Al igual que la /tʃ/ con la que forma par, la /dʒ/ inglesa es africada, palatoalveolar; pero, a diferencia de aquélla, la /dʒ/ es sonora.
Sólo tiene este alófono.

### Comparación con el español

La /dʒ/ inglesa es muy parecida al sonido de la *y* española detrás
de *n*: *cónyuge.* Sin embargo, hay que tener en cuenta que la /dʒ/ inglesa se articula algo más adelante en la boca (palatoalveolar) mientras que la *y* de *cónyuge* es palatal. Especial atención debe ponerse en
los finales en /dʒ/ distinguiéndolos de /tʃ/ (escúchese la grabación de
contraste /tʃ/ - /dʒ/).

*Realizaciones ortográficas (spellings)*

**más frecuentes**

> **j** – *jam* /dʒæm/; *jug* /dʒʌg/; *jew* /dʒu:/
> **g + e o i** – *danger* /ˈdeindʒə/; *general* /ˈdʒenərəl/; *luggage* /ˈlʌgidʒ/;
> *gin* /dʒin/; *orgy* /ˈɔːdʒi/

**otros de menor frecuencia**

> **dg** – *bridge* /bridʒ/; *judge* /dʒʌdʒ/; *dodge* /dɔdʒ/
> varios – *suggest* /səˈdʒest/; *soldier* /ˈsəuldʒə/; *procedure* /prəˈsidʒə/;
> *Greenwich* /ˈgrinidʒ/; *Norwich* /ˈnɔridʒ/

*Palabras para practicar* **O**

# inicial:

> *John* /dʒɔn/; *jeer* /dʒiə/; *jug* /dʒʌg/

# medial:

> *urgent* /ˈɔːdʒənt/; *danger* /ˈdeindʒə/; *suggest* /səˈdʒest/

# final:

> *change* /tʃeindʒ/; *bridge* /bridʒ/; *orange* /ˈɔrindʒ/

# contraste /tʃ/ /dʒ/:

| | |
|---|---|
| *cheap* /tʃiːp/ | – *jeep* /dʒiːp/ |
| *choose* /tʃuːz/ | – *jews* /dʒuːz/ |
| *choke* /tʃəuk/ | – *joke* /dʒəuk/ |
| *chin* /tʃin/ | – *gin* /dʒin/ |
| *chain* /tʃein/ | – *Jane* /dʒein/ |
| *match* /mætʃ/ | – *Madge* /mædʒ/ |

*Frases para practicar* **O**

– *The German General stepped into the carriage*
/ðə ˈdʒɜːmən ˈdʒenərəl ˈstept intə ðə ˈkæridʒ/

– *John has a job in Germany in July*
/ˈdʒɔn həz əˈdʒɔb in ˈdʒɜːməni inˈ dʒuˈlai/

– *Put some orange juice in the jug*
/ˈput səmˈɔrindʒ ˈdʒuːs in ðə ˈdʒʌg/

# 23. CONSONANTES NASALES

## *Características generales*

1) El velo del paladar, que normalmente está levantado, permitiendo la salida del aire por la boca, se baja para articular las consonantes nasales, por lo que el aire sale por la nariz.
2) Las consonantes nasales inglesas: /m/, /n/, /ŋ/ son todas sonoras.
3) La /ŋ/ no ocurre nunca en posición inicial.

## 24. LA /m/

### *Características*

nasal – *nasal*
bilabial – *bilabial*
sonora – *voiced*

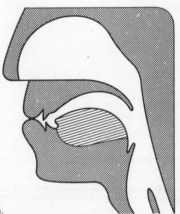

FIG. 47. La /m/ inglesa.

La /m/ inglesa es nasal, bilabial: al tiempo que el aire sale por la nariz, se juntan los labios. Hay vibración de las cuerdas vocales. A efectos prácticos éste es el único alófono de la /m/.

### *Comparación con el español*

La /m/ inglesa es prácticamente igual a la española. Puede, no obstante, presentar algún problema la pronunciación de la *m* en posición final, donde no es corriente en español. El alumno de habla española debe evitar pronunciar una *n* en esta posición, para lo cual habrá de cerrar debidamente los labios.

*Realizaciones ortográficas* (spellings)

m   –   *mum* /mʌm/; *mock* /mɔk/; *murder* /'mə:də/
mm  –   *mummy* /'mʌmi/; *tummy* /'tʌmi/; *mammal* /'mæməl/

**Palabras para practicar**   O

inicial:

*make* /meik/; *most* /məust/; *mood* /mu:d/

medial:

*summer* /'sʌmə/; *plumber* /'plʌmə/; *lemon* /'lemən/

final:

*game* /geim/; *seem* /si:m/; *lamb* /læm/

**Frases para practicar**   O

– *The lame man was dumb*
  /ðə 'leim 'mæn wəz 'dʌm/
– *Mummy is going to make some marmalade*
  /'mʌmiz gɔiŋ tə'meik səm 'mɑ:məleid/
– *Many men play that game in summer*
  /'meni 'men 'plei 'ðæt 'geim in 'sʌmə/

## 25. LA /n/

*Características*

nasal – *nasal*
alveolar – *alveolar*
sonora – *voiced*

Al igual que la /m/, la /n/ es nasal y sonora, pero, a diferencia de aquélla, la /n/ es alveolar: al tiempo que el aire sale por la nariz, el ápice de la lengua se apoya en los alvéolos.

97

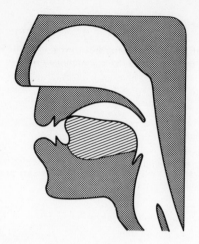

FIG. 48. La /n/ inglesa.

**Alófonos**

Lo mismo que la *n* española, la *n* inglesa tiene varias realizaciones fonéticas, según sea el sonido que la siga:

*n* interdental, seguida de /θ/ o /ð/:

> *anthem* /'ænθəm/; *tenth* /tenθ/

*m* (seguida de *m*):

> *in Malta* /im'mɔːltə/

ŋ (seguida de *k* o *g*):

> *think* /θiŋk/

*n* parcialmente sorda, precedida de *s*:

> *sneeze* /sniːz/; *snap* /snæp/

A efectos prácticos, no deben preocupar, sin embargo, estos alófonos de la *n*, ya que por efectos del sonido siguiente, los órganos adoptan la posición adecuada instintivamente.

**Comparación con el español**

La /n/ española y la inglesa son muy similares. En posición final, no obstante, la *n* española es relajada, con tendencia a nasalizar la vo-

cal anterior. En inglés debe pronunciarse la *n* final, netamente alveolar, apoyando la lengua en los alvéolos (escúchese la grabación de la
*n* final) y evitando toda nasalización de la vocal.

**Realizaciones ortográficas** *(spellings)*

> **n**     – *nun* /nʌn/; *bony* /'bəuni/, *gone* /gɔn/
> **nn** – *nanny* /'næni/; *funny* /'fʌni/; *sonny* /'sʌni/
> **n** muda    – (la *n* es muda en las palabras terminadas en *mn*):
>               *autumn* /'ɔːtəm/; *condemn* /kən'dem/; *hymn* /him/;
>               *column* /'kɔləm/

**Palabras para practicar**   O

## inicial:

> *nurse* /nəːs/; *near* /niə/; *know* /nəu/

## detrás de *s*:

> *sneeze* /sniːz/; *snatch* /snætʃ/; *snore* /snɔː/

## medial:

> *annoy* /ə'nɔi/; *wonder* /'wʌndə/; *evening* /'iːvniŋ/

## final:

> *nun* /nʌn/; *bone* /bəun/; *melon* /'melən/

## silábica:

> *oven* /'ʌvn/; *dozen* /'dʌzn/; *listen* /'lisn/

## interdental:

> *tenth* /tenθ/; *anthem* /'ænθəm/; *panther* /'pænθə/

## contraste con el español:

> *pan* /pan/   –   *pan* /pæn/;
> *van* /ban/   –   *ban* /bæn/;
> *ten* /ten/   –   *ten* /ten/

- *He was alone in the moon for nearly a month*
  /hi wəz ə'ləun in ðə 'muːn fə'niəli ə 'mʌnθ/
- *John is making that funny noise again*
  /'dʒɔnz 'meikiŋ 'ðæt 'fʌni 'nɔiz ə'gen/
- *Is the nurse listening to the man?*
  /iz ðə 'nəːs 'lisəniŋ tə ðə 'mæn/

## 26. LA /ŋ/

*Características*

nasal – *nasal*
velar – *velar*
sonora – *voiced*

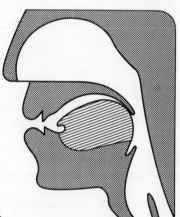

Fig. 49. La /ŋ/ inglesa.

Al igual que la /m/ y la /n/, la /ŋ/ es nasal y sonora, pero a diferencia de aquéllas la /ŋ/ es velar: al tiempo que el aire sale por la nariz, el postdorso de la lengua se apoya en el velo del paladar. Este es el único alófono de la /ŋ/.

### Comparación con el español

En español /ŋ/ no se da como fonema, pero sí como sonido, alófono de la *n* seguida de /g/ o /k/: *manga, tanque.* No ofrece dificultad, por tanto, la pronunciación de /ŋ/ delante de /g/ o /k/:

*single* /'siŋgl/; *monkey* /'mʌŋki/, etc.

En posición final, no obstante, el estudiante de habla española debe tener cuidado de no pronunciar /n/, para ello deberá poner la lengua en la misma posición que para la *n* de la primera sílaba de la palabra española *"manga"*:

hang /hæŋ/; *wrong* /rɔŋ/, etc.

### Realizaciones ortográficas *(spellings)*

**ng** – *thing* /θiŋ/; *singing* /'siŋiŋ/; *long* /lɔŋ/
**n**, seguida de /**g**/ o /**k**/ – *finger* /'fiŋgə/; *donkey* /'dɔŋki/; *uncle* /'ʌŋkl/
El fonema /ŋ/ no se da en posición inicial.

### Palabras para practicar  O

## /ŋ/ final:

*sing* /siŋ/; *song* /sɔŋ/; *pang* /pæŋ/

## /ŋ/ medial:

*singer* /siŋə/; ringing /'riŋiŋ/; *bringing* /'briŋiŋ/

## *n + g*:

*stronger* /'strɔŋgə/; *finger* /'fiŋgə/; *angry* /'æŋgri/

## *n + k*:

*think* /θiŋk/; *sank* /sæŋk/; *donkey* /'dɔŋki/

## contraste /n/ /ŋ/:

| | |
|---|---|
| *sin* /sin/ | – *sing* /siŋ/; |
| *thin* /θin/ | – *thing* /θiŋ/; |
| *ban* /bæn/ | – *bang* /bæŋ/; |
| *win* /win/ | – *wing* /wiŋ/; |
| *sinner* /'sinə/; | – *singer* /'siŋə/ |

- *The girl sang a long song*
  /ðəˈɡəːl ˈsæŋ ə ˈlɔŋ ˈsɔŋ/
- *Ring him and tell him he's wrong*
  /ˈriŋ him ən ˈtel him hiːz ˈrɔŋ/
- *My middle finger is longer and stronger than my little finger*
  /ˈmaiˈmidl ˈfiŋɡəzˈlɔŋɡə ən ˈstrɔŋɡə ðən maiˈlitl ˈfiŋɡə/
- *Who's ringing the singer this evening?*
  /ˈhuːz ˈriŋiŋ ðə ˈsiŋə ˈðis ˈiːvniŋ/

## 27. CONSONANTES LATERALES: LA /l/

### *Características*

> lateral – *lateral*
> alveolar – *alveolar*
> sonora – *voiced*

El ápice y los bordes de la lengua, al apoyarse en los alvéolos, obstruyen el canal central de la boca, por lo que el aire sale por los lados de la misma. Hay vibración de las cuerdas vocales.

### *Alófonos*

1) /l/ clara – prácticamente igual a la /l/ española. Se pronuncia poniendo la lengua en la posición descrita en las características.

   La /l/ clara se da:

   *a)* en posición inicial:

   *lip* /lip/; *lot* /lɔt/

   *b)* en posición medial intervocálica:

   *really* /ˈriəli/; *collar* /ˈkɔlə/

   *c)* en posición final, cuando se une a la vocal de la sílaba siguiente *(linking* l*)*:

   *fill it* /ˈfilit/; *spell it* /ˈspelit/

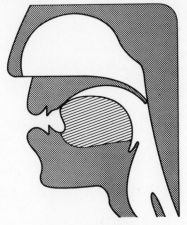

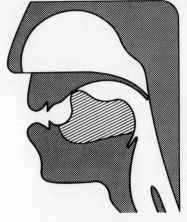

Fig. 50. La /l/ clara inglesa.    Fig. 51. La /l/ oscura inglesa.

2) /l/ oscura*: Además de apoyar el ápice de la lengua en los alvéolos, el postdorso se eleva en dirección al paladar, quedando el centro cóncavo. La /l/ oscura se da:

*a)*   en posición final de palabra:

   *pill* /pil/; *bill* /bil/

*b)*   en final de sílaba:

   *milk* /milk/; *salty* /ˈsɔːlti/

*c)*   en la *l* silábica final:

   *paddle* /ˈpædl/; *settle* /ˈsetl/

### Comparación con el español

De lo dicho anteriormente se desprende que la /l/ clara no ofrece dificultad alguna a los españoles. Para imitar la /l/ oscura hay que poner la lengua ligeramente cóncava, levantando el postdorso hacia el paladar, lo que da un timbre posterior a la vocal que le precede (escúchese la grabación).

---

\* En transcripción fonética estrecha representada por /ɫ/.

### Realizaciones ortográficas *(spellings)*

I  – *leap* /liːp/; *let* /let/; *light* /lait/
II  – *fully* /'fuli/; *allow* /ə'lau/; *cellar* /'selə/
I muda  – *could* /kud/; *should* /ʃud/; *would* /wud/
         *half* /hɑːf/; *calf* /kɑːf/; *talk* /tɔːk/; *walk* /wɔːk/
         *salmon* /'sæmən/; *folk* /fəuk/

### Palabras para practicar  O

## /l/ clara inicial:

*lock* /lɔk/; *look* /luk/; *led* /led/

## medial:

*silly* /'sili/; *island* /'ailənd/; *sailor* /'seilə/

## final *(linking)*:

*fill it* /'filit/; *spell it* /'spelit/; *all over* /'ɔːləuvə/

## en grupos:

*blow* /bləu/; *play* /plei/; *clean* /kliːn/

## /l/ oscura final:

*call* /kɔːl/; *mill* /mil/; *pool* /puːl/

## final de sílaba:

*salt* /sɔːlt/; *milk* /milk/; *cold* /kəuld/

## silábica:

*pistol* /'pistl/; *measles* /'miːzlz/; *equal* /'iːkwəl/

### Frases para practicar  O

– The lane looked long to me
/ðə 'lein 'lukt 'lɔŋ tə miː/

- *Fill my glass with milk*
  /'fil mai'glɑ:s wið 'milk/
- *Put the kettle in the middle*
  /'put ðə 'ketl in ðə 'midl/

## 28. LAS SEMIVOCALES

*Características generales*

Se da el nombre de semivocales a los sonidos deslizantes *(glides)* que parten de una posición de los órganos de la articulación aproximada a la que se requiere para /i:/ o /u:/, moviéndose rápidamente hacia otra posición vocálica.

Las semivocales son dos /j/ y /w/; ambas sonoras, la primera palatal y la segunda bilabial.

Las semivocales participan, en cierto modo, del carácter de vocal y de consonante. Participan del carácter vocálico porque el aire no tropieza con ningún obstáculo en su salida. Participan del carácter consonántico porque necesitan de otra vocal para formar sílaba, no pudiendo formar sílaba por sí solas, como las demás vocales.

## 29. LA /j/

*Características*

semivocal – *semi-vowel*
palatal – *palatal*
sonora – *voiced*

Se parte de una posición aproximada a la adoptada para pronunciar /i:/, con los labios extendidos y el dorso de la lengua levantado hacia el paladar y se pasa rápidamente a la vocal siguiente. Hay vibración de las cuerdas vocales. A efectos prácticos, sólo se considera el alófono reseñado.

*Comparación con el español*

El fonema /j/ no existe como tal en español; sí existe, no obstante, como sonido, alófono de la *i* en los diptongos crecientes *ie, ia, iu.* La *i* de las palabras españolas *"hielo"*, *"hierro"*, etc. es muy semejante a la /j/ inglesa.

*Realizaciones ortográficas (spellings)*

**más frecuentes**

> **y** — *yes* /jes/; *yield* /ji:ld/; *young* /jʌŋ/; *yet* /jet/
> **u** (=ju:) — *university* /'ju:ni'və:siti/; *uniform* /'ju:nifəm/; *tune* /tju:n/

**otras de menor frecuencia**

> **ew** — *few* /fju:/; *new* /nju:/
> **eu** — *feud* /fju:d/; *Europe* /'ju:rəp/
> **varios** — *suit* /sju:t/ o /su:t/; *queue* /kju:/; *beauty* /'bju:ti/;
> *opinion* /ə'pinjən/

El fonema /j/ no aparece nunca en posición final.

*Palabras para practicar* **O**

inicial:

> *yes* /jes/; *you* /ju:/; *uniform* /'ju:nifəm/

no inicial:

> *queue* /kju:/; *accuse* /ə'kju:z/; *duty* /'dju:ti/

*Frases para practicar* **O**

- *The young man arrived from York yesterday*
  /ðə 'jʌŋ'mæn ə'raivd frəm 'jɔ:k 'jestədei/
- *You are too young to have a yacht*
  /juə 'tu:'jʌŋ tə hæv ə 'jɔt/
- *She bought a yard of yellow ribbon*
  /ʃi 'bɔ:t ə 'jɑ:d əv 'jeləu 'ribn/

# 30. LA /w/

*Características*

semivocal – *semi-vowel*
bilabial – *bilabial*
sonora – *voiced*

Se parte de una posición aproximada a la adoptada para pronunciar /u:/ con los labios plenamente redondeados y se pasa rápidamente a la vocal siguiente. Hay vibración de las cuerdas vocales. A efectos prácticos, sólo interesa el alófono reseñado.

*Comparación con el español*

El fonema /w/ no existe como tal en español; sí, no obstante, como sonido alófono de la *u* en los diptongos, *ue, ua, ui.* La *u* de las palabras "huevo", "hueso", se asemeja mucho a la /w/ inglesa. Especial dificultad para los estudiantes españoles ofrece la /w/ seguida de /u:/ o /u/:

wood /wud/; *wool* /wu:l/

En este caso el alumno debe redondear los labios algo más que para /u:/ y pronunciar la /w/ con energía, sin llegar a cerrar los labios como para la /b/.

*Realizaciones ortográficas (spellings)*

**más frecuentes**

w – *weed* /wi:d/; *wet* /wet/; *wave* /weiv/
wh – *when* /wen/; *where* /wɛə/; *why* /wai/

**otras de menor frecuencia**

u (después de *q* y *g*) – *queen* /kwi:n/; *quick* /kwik/; *language* /'læŋgwidʒ/
varios – *one* /wʌn/; *once* /wʌns/; *choir* /kwaiə/
w muda (*w + r*) – *write* /rait/; *wrong* /rɔŋ/; *answer* /'ɑ:nsə/;
        *sword* /sɔ:d/; *two* /tu:/; *who* /hu:/

El fonema /w/ no aparece nunca en posición final.

*Palabras para practicar*

inicial:

*weather* /'weðə/; *wear* /wɛə/; *weed* /wi:d/

seguida de /u:/ o /u/:

*woman* /'wumən/; *wood* /wud/; *wool* /wu:l/;
*woos* /wu:z/; *would* /wud/

intervocálica:

*away* /ə'wei/; *aware* /ə'wɛə/; *await* /ə'weit/

precedida de *t* o *k* aspiradas (*w* parcialmente sorda):

*twice* /twais/; *quite* /kwait/; *twelve* /twelv/; *square* /skwɛə/

*Frases para practicar*  **O**

- *Would you like whisky or wine?*
  /wuʋ ju 'laik 'wiski ɔ: 'wain/
- *We went for a walk after work*
  /wi 'went fərə 'wɔ:k ɑ:ftə 'wə:k/
- *They walked quite quickly through the woods*
  /ðei 'wɔ:kt 'kwait 'kwikli θru: ðə 'wudz/

# 5

## ACENTO, RITMO Y ENTONACION

### 1. ACENTO

Acento es la mayor intensidad con que se pronuncia una sílaba en una palabra. En inglés, como en español, el acento no sigue una norma fija, en el sentido de ir siempre colocado en la misma sílaba, como ocurre en francés, por ejemplo, en que siempre recae en la última. Así tenemos palabras de dos sílabas acentuadas en la primera de ellas y palabras de dos sílabas acentuadas en la última; palabras de tres sílabas acentuadas en cualquiera de las tres, etc.:

bisílabas con acento en la primera sílaba:

> *husband* /ˈhʌzbənd/; *Oxford* /ˈɔksfəd/

bisílabas con acento en la segunda sílaba:

> *arrive* /əˈraiv/; *police* /pəˈliːs/

trisílabas con acento en la primera sílaba:

> *bachelor* /ˈbætʃələ/; *century* /ˈsentʃəri/

trisílabas con acento en la segunda sílaba:

> *important* /imˈpɔːtənt/; *position* /pəˈzitʃən/

trisílabas con acento en la tercera sílaba:

> *understand* /ʌndəsˈtænd/; *magazine* /mægəˈziːn/

etc.

Pero, a diferencia del español, en inglés, salvo contadas excepciones

*café* /'kæfei/; *précis* /'presi/

no existe el acento ortográfico; así, puede darse el caso de dos palabras que se escriban igual (homógrafos) y se pronuncien de forma diferente, según que el acento recaiga en una u otra sílaba:

*contrast* /'kɔntrəst/ — contraste (nombre)
*(to) contrast* /kən'træst/ — contrastar (verbo)

Es corriente en inglés que las sílabas no acentuadas *(unstressed)* pierdan intensidad, pronunciándose casi siempre con las vocales débiles /ə/ o /i/ o incluso perdiéndose:

*father* /'fɑːðə/; *pocket* /'pɔkit/; *secretary* /'sekrətri/

pero no conviene trazar una regla demasiado general, ya que la sílaba no acentuada puede llevar cualquier otra vocal, hasta un diptongo:

*profile* /'prəufail/; *window* /'windəu/; *insect* /'insekt/

## 2. EJEMPLOS DE PALABRAS CON DISTINTA PRONUNCIACION SEGUN SEAN NOMBRE O ADJETIVO, O VERBO

| | | | |
|---|---|---|---|
| *accent* /'æksənt/ | – acento | *(to) accent* /ək'sent/ | – acentuar |
| *conduct* /'kɔndʌkt/ | – conducta | *(to) conduct* /kən'dʌkt/ | – dirigir |
| *desert* /'dezət/ | – desierto | *(to) desert* /di'zəːt/ | – desertar |
| *export* /'ekspɔːt/ | – exportación | *(to) export* /iks'pɔːt/ | – exportar |
| *extract* /'ekstrækt/ | – extracto | *(to) extract* /iks'trækt/ | – extraer |
| *frequent* /'friːkwənt/ | – frecuente | *(to) frequent* /fri'kwent/ | – frecuentar |
| *insult* /'insʌlt/ | – insulto | *(to) insult* /in'sʌlt/ | – insultar |
| *perfect* /'pəːfikt/ | – perfecto | *(to) perfect* /pə'fekt/ | – perfeccionar |
| *record* /'rekɔːd/ | – disco, record | *(to) record* /ri'kɔːd/ | – grabar, registrar |
| *refuse* /'refjuːs/ | – basura, desecho | *(to) refuse* /ri'fjuːz/ | – rehusar |

## 3. ACENTO PRINCIPAL Y ACENTO SECUNDARIO

En palabras de varias sílabas es frecuente encontrar otro acento, además del principal. Este acento secundario, de menor intensidad, impide que la vocal que lo lleva se debilite:

> *organization* /ˌɔːgənai'zeiʃn/
> *familiarity* /fə‚mili'æriti/
> *encyclopedia* /en‚saiklə'piːdjə/

## 4. RITMO

De la misma manera que en una palabra hay una sílaba que se pronuncia con más fuerza que las demás (la sílaba acentuada), dentro de la frase hay también una o más palabras con sílabas acentuadas que destacan claramente sobre el resto. Estas palabras que se pronuncian con mayor intensidad son, naturalmente, las que aportan mayor información (por lo general, nombres, adjetivos, adverbios, verbos principales, etc.), mientras que el resto de las palabras, que tienen menos relieve dentro de la frase y que se pronuncian sin acentuar, son a menudo palabras que por sí solas tienen menor contenido informativo y realizan más bien una función gramatical de enlace, indicación de tiempo, modo, etc. dentro de la oración (como artículos, preposiciones, verbos auxiliares, etc.). Así, en la frase:

> *I went to the cinema with my sister yesterday*
> /ai 'went tə ðə 'sinəmə wið mai'sistə 'jestədei/

las sílabas *went, ci, sis,* y *yes* destacan claramente sobre el resto: son las que llevan el peso fónico de la frase. Las sílabas acentuadas se suceden normalmente a intervalos de tiempo iguales, aunque no siempre sea el mismo el número de sílabas inacentuadas entre un acento y otro. Por ejemplo, en la frase:

> *I've bought a nice warm coat on the sales*
> /aiv'bɔːt ə'nais 'wɔːm 'kəut ɔn ðə 'seilz/

las sílabas acentuadas /nais/, /wɔːm/ y /kəut/ van seguidas, sin que haya ninguna sílaba inacentuada entre ellas, mientras que entre /kəut/ y /seilz/ hay dos sílabas inacentuadas; sin embargo, al haber una ligera pausa entre las sílabas acentuadas *(stressed),* el tiempo es el mismo que el invertido en pronunciar, más rápidamente, las inacentuadas *(unstressed).*

Es de suma importancia, pues, para el alumno español, aprender a pronunciar debidamente las sílabas no acentuadas, evitando darles demasiado relieve. Una norma práctica a seguir puede ser pronunciar por grupos fónicos más que por palabras. Así en la frase:

*The car is mine* /ðə ˈkɑːz ˈmɑin/

debe pronunciar las tres primeras palabras como si se tratase de una sola, con acento en la sílaba /kɑːz/. Del mismo modo, en la frase:

*I like it* /ai ˈlaik it/

debe unir *it* a *like,* pronunciándolas como una sola palabra, con acento en la primera sílaba.

### 5. FORMAS FUERTES Y DEBILES

La inmensa mayoría de las palabras (nombres, adjetivos, adverbios, verbos principales, etc.) sólo tienen una pronunciación posible, usada en todos los casos; pero algunas palabras, como consecuencia de la debilitación de las sílabas no acentuadas dentro de la frase, tienen una pronunciación con vocal debilitada *(forma débil),* distinta a la que la palabra tiene cuando se pronuncia aisladamente *(forma fuerte).* Estas palabras que tienen dos pronunciaciones, una débil o inacentuada y otra fuerte o acentuada, son las que podíamos llamar *palabras estructurales,* cuyo papel dentro de la frase es por regla general el de mero enlace o indicador de función (como artículos, preposiciones, verbos auxiliares, anómalos o defectivos, auxiliares modales, etc.). Damos a continuación lista de las palabras más importantes que tienen forma fuerte y débil:

|  | Forma débil o inacentuada* | Forma fuerte o acentuada |
|---|---|---|
| *a* | /ə/ | /ei/ |
| *am* | /əm/; /m/ | /æm/ |
| *an* | /ən/ | /æn/ |
| *and* | /ənd/; /ən/; /n/ | /ænd/ |
| *are* | /ə/ + consonante | /ɑ:/ + consonante |
|  | /ər/ + vocal | /ɑ:r/ + vocal |
| *as* | /əz/ | /æz/ |
| *at* | /ət/ | /æt/ |
| *be* | /bi/ | /bi:/ |
| *been* | /bin/ | /bi:n/ |
| *but* | /bət/ | /bʌt/ |
| *can* | /kən/ | /kæn/ |
| *could* | /kəd/ | /kud/ |
| *do* (aux.) | /du/; /də/; /d/ | /du:/ |
| *does* (aux.) | /dəz/; /z/; /s/ | /dʌz/ |
| *for* | /fə/ + consonante | /fɔ:/ + consonante |
|  | /fər/ + vocal | /fɔ:r/ + vocal |
| *from* | /frəm/ | /frɔm/ |
| *had* (aux.) | /həd/; /əd/; /d/ | /hæd/ |
| *has* (aux.) | /həz/; /əz/; /z/; /s/ | /hæz/ |
| *have* (aux.) | /həv/; /əv/; /v/ | /hæv/ |
| *he* | /hi/; /i/; /i:/ | /hi:/ |
| *her* | /hə/; /ə/; /ə:/ | /hə:/ |
| *him* | /im/ | /him/ |
| *his* | /iz/ | /hiz/ |
| *is* | /s/; /z/ | /iz/ |
| *me* | /mi/ | /mi:/ |
| *must* | /məst/; /məs/ | /mʌst/ |
| *not* | /nt/ | /nɔt/ |
| *of* | /əv/ | /ɔv/ |
| *or* | /ə/ + consonante | /ɔ:/ + consonante |
|  | /ər/ + vocal | /ɔ:r/ + vocal |
| *Saint* | /sənt/; /sən/; /sn/ | /seint/ |
| *shall* | /ʃəl/; /ʃl/ | /ʃæl/ |
| *she* | /ʃi/ | /ʃi:/ |
| *should* | /ʃəd/; /əd/; /d/ | /ʃud/ |
| *Sir* | /sə/ + consonante | /sə:/ + consonante |
|  | /sər/ + vocal | /sə:r/ + vocal |
| *some* | /səm/; /sm/ | /sʌm/ |
| *than* | /ðən/ | /ðæn/ |
| *that* (conjunción y pronombre relativo) | /ðət/ | /ðæt/ |
| *the* | /ði/ + vocal | /ði:/ |
|  | /ðə/ + consonante |  |
| *them* | /ðəm/; /əm/; /m/ | /ðem/ |

---

* Algunas palabras tienen varias formas débiles, según se contraigan o no, y según vayan seguidas de palabra que empiece por vocal o por consonante.

| | Forma débil o inacentuada | Forma fuerte o acentuada |
|---|---|---|
| *there* | /ðə/ + consonante<br>/ðər/ + vocal | /ðɛə/ |
| *to* | /tə/ + consonante<br>/tu/ + vocal | /tu:/ |
| *us* | /əz/; /s/ | /ʌs/ |
| *was* | /wəz/ | /wɔz/ |
| *were* | /wə/ + consonante<br>/wər/ + vocal | /wə:/ + consonante<br>/wə:r/ + vocal |
| *will* | /l/ | /wil/ |
| *would* | /wəd/; /əd/; /d/ | /wud/ |
| *you* | /ju/ | /ju:/ |
| *your* | /jə/ + consonante<br>/jər/ + vocal | /jɔ:/ + consonante<br>/jɔ:r/ + vocal |

Se usan las formas fuertes solamente en los casos siguientes:

1) Por razones de énfasis (insistencia, contraste, etc.).

> *The book is not for them, it's for us*
> /ðə'buk izənt fə 'ðem its fər'ʌs/

2) A final de frase:

> *Who's this for?*
> /'hu:z ðis fɔ:/

3) Al enunciar la palabra sola:

> *Write the word 'a'* –(Escribe la palabra "a")
> /'rait ðə'wə:d 'ei/

4) En preguntas, aunque en este caso muchos prefieren la forma débil:

> *Was he waiting for me?*
> /wɔz hi'weitiŋ fə'mi:/

5) En pronunciación lenta y solemne (un discurso solemne, una declaración oficial, etc.).

En todos los demás casos se usa la forma débil.

Damos a continuación algunos ejemplos de formas fuertes y débiles:

|        | DEBIL | FUERTE |
|--------|-------|--------|
| are    | The girls are there<br>/ðə'gəːlz ə'ðɛə/ | Yes, they are<br>/'jes ðei ɑː/ |
| at     | Look at it<br>/'luk ət it/ | What are you looking at?<br>/'wɔt ə ju 'lukiŋ æt/ |
| can    | He can stay<br>/hi kən 'stei/ | I think I can<br>/ai 'θiŋk ai 'kæn/ |
| does   | What does he want?<br>/'wɔt dəz hi 'wɔnt/<br>What does he like?<br>/'wɔts hi 'laik/ | He does like it<br>/hi 'dʌz 'laik it/<br>Yes, he does<br>/'jes hi 'dʌz/ |
| for    | I did it for fun<br>/ai did it fə 'fʌn/ | What did you do it for?<br>/'wɔt did ju 'duː it fɔː/ |
| from   | A long way from home<br>/ə 'lɔŋ 'wei frəm 'həum/ | Where are you from?<br>/'wɛə ə ju frɔm/ |
| him    | Give him his money<br>/giv im hiz 'mʌni/ | Don't give it to her, give it to him<br>/'dəunt 'giv it tə 'həː 'givit tə 'him/ |
| of     | A cup of tea<br>/ə 'kʌp əv 'tiː/ | What's that made of?<br>/'wɔts 'ðæt 'meid ɔv/ |
| shall  | Shall I call a taxi?<br>/ʃəl ai 'kɔːl ə 'tæksi/ | Yes, I shall<br>/'jes ai 'ʃæl/ |
| some   | May I have some cheese?<br>/mei ai hæv səm 'tʃiːz/ | Please, have some<br>/'pliːz 'hæv 'sʌm/ |
| them   | Take them away<br>/'teik (ð)əm ə'wei/ | It isn't for them, it's for us<br>/it izənt fə'ðem its fər 'ʌs/ |
| there  | There is only one<br>/ðəz'əunli 'wʌn/ | It's there<br>/its 'ðɛə/ |
| was    | He was right<br>/hi wəz 'rait/ | Yes, he was<br>/'jes hi 'wɔz/ |
| were   | They were very nice<br>/ðei wə 'veri 'nais/ | Yes, they were<br>/'jes ðei 'wəː/ |

## 6. ENTONACION

Llamamos "entonación" a las variaciones en el tono de voz que se producen cuando hablamos. A efectos prácticos de la enseñanza del inglés distinguiremos dos tipos de melodía fundamentales: *la entonación descendente* y *la entonación ascendente*.

Tienen entonación descendente, es decir, que baja el tono de voz, los siguientes tipos de frases:

1) Aseveraciones, ya sean afirmativas o negativas:

○ *I've lost my keys* /aiv 'lɔst mai 'kiːz ↘/
*I'd like to go to England* /aid 'laik tə' gəu tu 'iŋglənd ↘/
*She doesn't want to dance* /ʃiː'dʌzənt 'wɔnt tə 'daːns ↘/
*We're going shopping this afternoon* /wiə gɔiŋ 'ʃɔpiŋ'ðis ,aːftə'nuːn ↘/
*I'll give you a lift* /ail 'giv ju ə 'lift ↘/
*You're younger than I* /juə 'jʌŋgə ðən 'ai ↘/

2) Ordenes o invitaciones:

○ *Put the cups there* /'put ðə'kʌps 'ðɛə ↘/
*Switch it on* /'switʃ it 'ɔn ↘/
*Wait a minute* /'weit ə 'minit ↘/
*Take it off* /'teik it 'ɔf ↘/
*Have another cup* /'hæv ə'nʌðə 'kʌp ↘/
*Be careful* /'biː 'kɛəfl ↘/

3) Preguntas que empiezan por una partícula interrogativa:

○ *Where are you going?* /'wɛərə ju'gɔiŋ ↘/
*How old is she?* /'hau'əuld iz ʃiː ↘/
*What time is the party?* /'wɔt'taimz ðə 'paːti ↘/
*When is your aunt coming?* /'wenz jər'aːnt 'kʌmiŋ ↘/
*Who told you that?* /'huː 'təuld ju'ðæt ↘/
*Why did she do it?* /'wai did ʃi 'duː it ↘/

4) Exclamaciones:

○ *What a lovely day!* /'wɔt ə 'lʌvli 'dei ↘/
*What a bore!* /'wɔt ə 'bɔː ↘/
*What a pity!* /'wɔt ə 'piti ↘/
*How small she is!* /'hau'smɔːl ʃi iz ↘/
*How expensive!* /'hau iks'pensiv ↘/
*Goodness, no!* /'gudnis 'nəu ↘/

Tienen entonación ascendente, subiendo ligeramente el tono de voz en la última sílaba acentuada, los siguientes tipos de frases:

1) Preguntas que requieren la respuesta sí o no:

- *Are we going to the cinema on Sunday?*
  /ə wiˈgɔiŋ tə ðə ˈsinəmə ɔnˈsʌndi↗/
  *Have you ever been to England?* /həv juˈevə bin tu ˈiŋglənd↗/
  *Do you like coffee?* /djuˈlaik ˈkɔfi↗/
  *Does he know me?* /dəz hi ˈnəu ˈmi:↗/
  *Can you type?* /kən ju ˈtaip↗/
  *Aren't you coming?* /ɑ:nt ju ˈkʌmiŋ↗/

2) Frases en las que la idea no está acabada, como la primera parte de una oración compuesta, la primera mitad de una pregunta alternativa, o todas las componentes de una enumeración, excepto la última:

- *When we got to the station, the train had already gone*
  /ˈwen wiˈgɔt tə ðə ˈsteiʃn↗ ðə ˈtrein həd ˈɔ:lrədi ˈgɔn↘/
  *If the weather is fine, we'll go to the country.*
  / if ðə ˈweðəriz ˈfain↗ wi:l ˈgəu tə ðə ˈkʌntri↘/
  *The boys had some oranges, some apples and some pears*
  /ðə ˈbɔiz hæd səm ˈɔrindʒiz↗ səm æplz↗ ən səm ˈpɛəz↘/
  *Shall we go to the cinema or to the theatre?*
  /ʃəl wi ˈgəu tə ðə ˈsinəmə↗ɔ: tə ðə ˈθiətə↘/

3) Ruegos o peticiones:

- *Please, shut that window* /ˈpli:z ˈʃʌt ˈðæt windəu↗/
  *Don't forget to post my letter* /ˈdəunt fəˈget tə ˈpəust mai ˈletə↗/
  *Don't tell your sister* /ˈdəunt ˈtel jə ˈsistə↗/
  *Bring them tomorrow* /ˈbriŋ ðəm təˈmɔrəu↗/

4) Preguntas que expresan una emoción especial, como asombro, incredulidad, extrañeza, etc., o simplemente que se repiten por no haber entendido bien la respuesta la primera vez:

- *Who did she marry?* /ˈhu: did ʃi ˈmæri↗/
  *What did you say his name was?* /ˈwɔt did ju ˈsei hizˈneim wɔz↗/
  *When is he coming?* /ˈwen iz hi ˈkʌmiŋ↗/
  *How much?* /ˈhau ˈmʌtʃ↗/

## 7. LA ENTONACION EN OTRAS FRASES DE VALOR AFECTIVO

Aparte de las frases ya estudiadas, hay otras muchas que expresan sentimientos variados: dudas, vacilación, sorpresa, desprecio, indignación, concesión, etc. que pueden tener entonación especial (generalmente ascendente-descendente), pero son tan diversas y por otra parte tan subjetivas (varían considerablemente de un sujeto a otro) que resisten cualquier intento de clasificación:

1) Duda:

   - *I believe he's coming tomorrow* ↘ Creo que viene mañana

2) Concesión:

   - *It might be good for him* ↘ Podría ser bueno para él

3) Sorpresa:

   - *You've won at the pools!* ↗ ¡Has ganado a las quinielas!


## 8. ENFASIS

El énfasis con que se pronuncia una determinada palabra de una frase, destacándola de las demás, guarda en inglés una estrecha relación con el significado de dicha frase. Así, *I saw her* significa "La vi", pronunciada en tono normal, sin dar énfasis a ninguno de sus elementos; pero el significado cambiará a medida que pronunciemos de forma enfática cada una de las palabras que la constituyen:

*I saw her* – pronunciada con énfasis en el sujeto (*I*), es decir, con mayor intensidad y con entonación ligeramente ascendente en dicha palabra, significa que fui yo quien la vio, y no otra persona.

*I saw her* – con énfasis en el verbo (*saw*), significa que lo que hice fue verla, y no otra cosa.

*I saw her* – con énfasis en el complemento u objeto directo (*her*), significa que a la que vi fue a ella y no a él, por ejemplo.

Aún cabe dar énfasis a toda la frase, insistiendo en el hecho de que la vimos efectivamente, sin lugar a dudas. Esto se consigue dando énfasis al auxiliar correspondiente, en este caso *did*:

*I did see her* – Sí la vi; claro que la vi.

# TEXTO DE LAS GRABACIONES

## VOCALES

### Vocal número 1 /iː/

    tree; green; sheep
    tea; meat; read
    piece, field, thief
    seize, receive, key
    he, me, complete
    machine, police, quay, people
    We can see three green trees in the field
    These peas are cheap, but the meat and the cheese are not so cheap
    Please, don't put your feet on the seat

### Vocal número 2 /i/

    sit, rich, tip
    city, pity, belly
    ladies, bodies, armies
    pretty, pocket, wanted
    village, private, build
    Sunday, business, coffee
    busy, women, minute
    He still lives by the mill on the hill
    Will this bit fit?
    It's a pity Jim didn't pay the bill

### Contraste vocal número 1 y vocal número 2 /iː/ - /i/

    cheap – chip
    feet – fit
    leave – live
    eat – it
    steal – still
    green – grin

### Vocal número 3 /e/

leg, sell, men
dead, head, breath
many, any, said
friend, bury, again
Thames, ate
Send ten pens to the men
Lend Ben your red pencil
I said he's my best friend and my guest

### Vocal número 4 /æ/

bad, black, packet, badge
That fat man has a hat and a bag
The cat sat on the mat
Dad was mad to do that

### Contraste vocal número 3 y vocal número 4 /e/ - /æ/

men – man
bed – bad
said – sad
head – had
dead – dad
pet – pat

### Vocal número 5 /ɑ:/

car, far, garden, party
glass, pass, grass
past, half, can't, bath
aunt, laugh, heart
clerk, Derby, sergeant
Father can't park his car
My aunt laughed in her bath
The dance starts at half past

### Contraste vocal número 4 y vocal número 5 /æ/ - /ɑ:/

had – hard
pack – park
ant – aunt
hat – heart
cat – cart

### Vocal número 6 /ɔ/

hot, rock, gone
bottle, doctor, bottom
was, want, watch, quality
because, Austria, sausage
cough, knowledge, yacht
Stop at the shop at the top
The watch was in the wrong box
The doctor had a lot of bottles in his office

### Contraste vocal número 5 y vocal número 6 /aː/ - /ɔ/

part – pot
cart – cot
lark – lock
heart – hot
dark – dock

### Vocal número 7 /ɔː/

horse, pork, forty
ball, tall, fall
salt, bald, talk
law, saw, yawn
fault, daughter, cause
bought, ought, brought
war, warm, dwarf
four, court, pour
before, bore, store
door, flock, board
broad, George
She saw the horse walk to the water
It's always warm in August
I saw the chalk fall on the floor

### Contraste vocal número 6 y vocal número 7 /ɔ/ - /ɔː/

pot – port
potter – porter
spot – sport
cod – cord
cot – caught

### Vocal número 8 /u/

good, book, foot
put, butcher, sugar
could, would, should
wolf, woman
Don't put your foot on the book
That woman is a good cook
She would if she could

### Vocal número 9 /u:/

food, moon, soon
new, flew, grew
June, rude, nude
group, soup, through
blue, true, glue
fruit, suit, juice
who, do, move
shoe, argue, queue
beauty, two
I refuse to use that glue
Blue suits you too
There's plenty of fruit in June

### Contraste vocal número 8 y vocal número 9 /u/ - /u:/

foot – food
full – fool
pull – pool

### Vocal número 10 /ʌ/

uncle, butter, cup
gloves, mother, month
country, young, enough
blood, flood, does
Come with some money on Monday
My uncle comes by bus on Sunday
I wonder what your brother has done with my gloves

### Contraste vocal número 6 y vocal número 10 /ɔ/ - /ʌ/

hot – hut
not – nut
song – sung
dock – duck

*Contraste vocal número 4 y vocal número 10* /æ/ - /ʌ/

        bad – bud
        cat – cut
        lack – luck
        bat – but

*Vocal número 11* /ə:/

        bird, skirt, thirty
        turn, church, nurse
        search, early, learn
        world, work, worse
        term, person, serve
        journey, colonel, amateur, were
        The girl worked a little at first and then went to church
        The early bird catches the worm
        I heard the first word but not the third

*Vocal número 12* /ə/

        about, afraid, surprise
        observation, negative, organization
        letter, river, numerous, Oxford

*Diptongo número 1* /ei/

        plate, take, game
        plain, wait, rain
        play, May, stay
        eight, weigh, neighbour
        they
        great, break, steak
        halfpenny, gauge, gaol
        The rains in Spain stay mainly in the plain
        They waited in the rain for the train
        They played a great game

*Contraste vocal número 3 y diptongo número 1* /e/ - /ei/

        get – gate
        let – late
        wet – wait
        men – main
        pen – pain
        letter – later

### Diptongo número 2 /əu/

so, old, home
road, boat, coat
know, grow, slow
soul, shoulder, though
toe, foe, hoe
sew, mauve, brooch
No, I won't go home
He sold his old boat
Don't throw those stones

### Contraste vocal número 7 y diptongo número 2 /ɔ:/ - /əu/

caught – coat
saw – so
bought – boat
law – low
floor – flow
chalk – choke

### Diptongo número 3 /ai/

time, write, nice
try, fly, sky
die, lie, pie
either, neither, height
eye, buy, guy, choir
dye, aisle
I've got a fly in my right eye
I'll buy an ice on the island
How high can it fly in the sky?

### Contraste diptongo número 1 y diptongo número 3 /ei/ - /ai/

bay – buy
paint – pint
race – rice
tail – tile
ale – isle

### Diptongo número 4 /au/

house, pound, loud
town, brown, crowd

Make your mouth round when you make this sound
I found a thousand pounds on the ground
The crowd surrounds the house

## Contraste diptongo número 2 y diptongo número 4 /əu/ - /au/

load – loud
oat – out
row – row
no – now
bow – bough

## Diptongo número 5 /ɔi/

oil, point, voice
boy, oyster, enjoy, buoy
The boy enjoyed his noisy toy
He boiled it in oil
Don't annoy the royal boy

## Diptongo número 6 /iə/

near, dear, fear
beer, deer, cheer
here, mere, sincere
pier, pierce, fierce
theatre, idea, really
theory, museum, fakir, weird
glorious, genius, billiard
period, serious
I hear with my ears
He's had a beard for nearly a year
I didn't realize it was a serious idea

## Diptongo número 7 /ɛə/

care, stare, share
fair, hair, stairs
bear, pear, wear
their, there, heir
mayor, scarce, wary
There's a bear on the chair
She can't bear to share her pear
Spare a prayer for the mayor

### Contraste diptongo número 6 y diptongo número 7 /iə/ - /ɛə/

fear – fare
tear – tear
pier – pear
rear – rare
beer – bear
hear – hair

### Diptongo número 8 /uə/

sure, endure, pure
fluency, cruelty, fuel
dual, manually
truant
jewel, fewer, viewer
poor, moor
tour, tourist
curious, furious, jury, during
influence, arduous, vacuum, usual
Are you sure of the tour?
The poor tourist was furious during the tour
The jury was curious

## CONSONANTES OCLUSIVAS

### Oclusiva bilabial sorda /p/

pipe, pear, pain
impatient, repair
supper, capable, permission
cheap, cup, stop
spin, Spain, spill
apple, couple, supple
open, happen, halfpenny
stopped, a soap packet, ripe cheese
It's a pity Peter can't play
He went to the pub near the park
Those chips and peas are cheaper than the apples.

### Oclusiva bilabial sonora /b/

beat, bean, bark
sob, rub, pub
rubber, labour, neighbour

table, double, trouble
stubborn, ribbon
rubbed, obtain, sob bitterly
Bob is in his club
Bob is a stubborn boy
There was some trouble at the pub

## Contraste oclusiva bilabial sorda y oclusiva bilabial sonora /p/ - /b/

pet – bet
port – bought
pack – back
pin – bin
pill – bill
sopping – sobbing
lopping – lobbing
ripping – ribbing
roping – robing
cap – cab
tripe – tribe
sop – sob
rope – robe
lip – lib

## Oclusiva alveolar sorda /t/

time, take, tune
attend, between
butter, letter
beat, boat, late
steak, step, stone
little, bottle, kettle
eaten, button, beaten
that dog, a white tie, a great joke
try, train, street
Tell the butler to bring the butter
Put that little bottle on the table
The boat was late but the train's on time

## Oclusiva alveolar sonora /d/

do, day, date
mad, road, bad
ladder, nodding, loaded
middle, poodle, pedal
sudden, trodden, sodden
a red car, a good cheese, a bad pain
dry, drain, drip

That lad in the red car must be mad
Suddenly the poodle was in the puddle
This ladder is not good enough for dad


## Contraste oclusiva alveolar sorda y oclusiva alveolar sonora /t/ - /d/

tart – dart
tear – dare
ten – den
tip – dip
tale – dale
ton – done
latter – ladder
writer – rider
betting – bedding
cot – cod
mat – mad
sat – sad
mate – made
bet – bed
bat – bad


## Oclusiva velar sorda /k/

come, card, queue
increase, according, incur
baker, biscuit, talking
duck, bank, desk
scar, skin, sky
uncle, buckle, close
bacon, taken, spoken
a black cat, dark grey, blackboard
She can come when she likes
The king kicked the black cat
Good luck in your game of cards


## Oclusiva velar sonora /g/

go, goose, goat
bag, dog, plug
eager, figure, beggar
eagle, angle, struggle
organ, Morgan
a big goat, egg-cup, begged
Give the frog to the pig
Put the glass back in the bag
He begged for the gold at the gate

*Contraste oclusiva velar sorda y oclusiva velar sonora* /k/ - /g/

coat – goat
come – gum
came – game
coal – goal
cap – gap
backing – bagging
bicker – bigger
anchor – anger
pecking – pegging
pick – pig
leak – league
back – bag
duck – dug
lock – log

## CONSONANTES FRICATIVAS

*Fricativa labiodental sorda* /f/

fig, feather, fail
affair, suffer, selfish
leaf, loaf, enough
The staff had a good laugh at the fun-fair
Find my wife a maid
The elephant flew into the air and fell on to the roof

*Fricativa labiodental sonora* /v/

view, vacant, village
lover, silver, event
give, dove, move
Give me the silver knives, please
You have a very good view from the village inn.
That's the vet's nephew in the van.

*Fricativa interdental sorda* /θ/

thief, Thursday, throw
panther, method, author
health, smith, bath
The smith had a bath on Thursday
Give me both the fourth and the fifth
The thief cut his finger with a thorn

### Fricativa interdental sonora /ð/

this, there, those
brother, leather, together
bathe, soothe, with
months, mouths, clothes
This is very smooth leather
The bathers left their clothes on the paths
The brothers opened their mouths together


### Fricativa alveolar sorda /s/

sample, soil, Sunday
Spain, stone, smoke
pencil, bosses, concert
house, price, famous
tente, cups, cats
What's the price of the house
Her niece had to see the police
I saw him on Saturday but not on Sunday


### Fricativa alveolar sonora  /z/

zip, zero, zoo
easy, thousand, husband
lose, boys, peas
The cows were grazing in the field
Don't lose that cheese, please
They've already closed the zoo.


### Contraste fricativa alveolar sorda y fricativa alveolar sonora /s/ - /z/

close – close
ice – eyes
price – prize
loose – lose
peace – peas
rice – rise


### Fricativa palatoalveolar sorda / ʃ /

ship, shoe, shop
bishop, special, position
dish, cash, rush

She sewed the shirt and shorts
Here's a dish of fresh fish
The Irish girl wore old-fashioned shoes
She sells sea-shells by the sea-shore

## Contraste fricativa alveolar sorda y fricativa palatoalveolar sorda /s/ - /ʃ/

see – she
sell – shell
seat – sheet
sort – short
soul – shoal
sigh – shy

## Fricativa palatoalveolar sonora /ʒ/

gigolo
usually, measure, decision
rouge, prestige, garage
She treasures her leisure
Has she a garage?
There was confusion after the collision

## Fricativa postalveolar sonora /r/

rock, rest, rude
mirror, sorry, arrow
a poor old man, there are two, far away
a pair of shoes
price, throw, shrug, green
try, tray, dry
How will he travel by road or by rail?
You've written it wrong
She ran round and round the rock

## Fricativa glotal sorda /h/

heat, ham, hate
behave, behind, perhaps
Hold your hands above your head
Have you had a happy holiday?
Tell her to behave: Her husband is here.

# CONSONANTES AFRICADAS

### Africada palatoalveolar sorda /tʃ/

cheese, chap, chicken
picture, butcher, question
much, coach, church
Buy some cheap cheese for the children
Please, fetch my watch from the kitchen
I'd choose some chips for my chicken

### Contraste fricativa palatoalveolar sorda y africada palatoalveolar sonora /ʃ/ - /tʃ/

ship – chip
shop – chop
wash – watch
dish – ditch
washing – watching

### Africada palatoalveolar sonora /dʒ/

John, jeer, jug
urgent, danger, suggest
change, bridge, orange
The German general stepped into the carriage
John has a job in Germany in July
Put some orange juice in the jug

### Contraste africada palatoalveolar sorda y africada palatoalveolar sonora /tʃ/ - /dʒ/

cheap – jeep
choose – Jews
choke – joke
chin – gin
chain – Jane
match – Madge

# CONSONANTES NASALES

### Nasal bilabial sonora /m/

make, most, mood
summer, plumber, lemon

game, seem, lamb
The lame man was dumb
Mummy is going to make some marmalade
Many men play that game in summer

## Nasal alveolar sonora /n/

nurse, near, know
sneeze, snatch, snore
annoy, wonder, evening
nun, bone, melon
oven, dozen, listen
tenth, anthem, panther
He was alone in the moon for nearly a month
John is making that funny noise again
Is the nurse listening to the man?

## Contraste /n española/ - /n inglesa/

pan – pan
van – ban
ten – ten

## Nasal velar sonora /ŋ/

sing, song, pang
singer, ringing, bringing
stronger, finger, angry
think, sank, donkey
The girl sang a long song
Ring him and tell him he's wrong
My middle finger is longer and stronger than my little finger
Who's ringing the singer this evening?

## Contraste nasal alveolar sonora y nasal velar sonora /n/ - /ŋ/

sin – sing
thin – thing
ban – bang
sinner – singer
win – wing

# CONSONANTES LATERALES

## Lateral alveolar sonora /l/

lock, look, led
silly, island, sailor
fill it, spell it, all over
call, mill, pool
salt, milk, cold
pistol, measles, equal
The lane looked long to me
Fill my glass with milk
Put the kettle in the middle

# SEMIVOCALES

## Semivocal palatal sonora /j/

yes, you, uniform
queue, accuse, duty
The young man arrived from York yesterday
You are too young to have a yacht
She bought a yard of yellow ribbon

## Semivocal bilabial sonora /w/

weather, wear, weed
woman, wood, wool, woos, would
away, aware, await
twice, quite, twelve, square
Would you like whisky or wine?
We went for a walk after work
They walked quite quickly through the wood

## Acento

accent – (to) accent
conduct – (to) conduct
desert – (to) desert
export – (to) export
extract – (to) extract
frequent – (to) frequent
insult – (to) insult
perfect – (to) perfect
record – (to) record
refuse – (to) refuse

## *Formas fuertes y débiles*

The girls are there
Look at it
He can stay
What does he want?
What does he like?
I did it for fun
A long way from home
Give him his money
A cup of tea
Shall I call a taxi?
May I have some cheese?
Take them away
There's only one
He was right
They were very nice

Yes, they are
What are you looking at?
I think I can
He does like it
Yes, he does
What did you do it for?
Where are you from?
Don't give it to her, give it to him
What's that made of?
Yes, I shall
Please, have some
It isn't for them, it's for us
It's there
Yes, he was
Yes, they were

## *Entonación descendente*

### Aseveraciones

I've lost my keys
I'd like to go to England
She doesn't want to dance
We're going shopping this afternoon
I'll give you a lift
You're younger than I,

### Ordenes o invitaciones

Put the cups there
Switch it on
Wait a minute
Take it off
Have another cup
Be careful

### Wh - questions

Where are you going?
How old is she?
What time is the party?
When is your aunt coming?
Who told you that?
Why did she do it?

### Exclamaciones

What a lovely day!
What a bore!
What a pity!
How small she is!
How expensive!
Goodness, no!

### *Entonación ascendente*

### Verb-questions

Are we going to the cinema on Sunday?
Have you ever been to England?
Do you like coffee?
Does he know me?
Can you type?
Aren't you coming?

### Primera parte de frases

When we got to the station, the train had already gone
If the weather is fine, we'll go to the country
The boys had some oranges, some apples and some pears
Shall we go to the cinema or to the theatre?

### Ruegos o peticiones

Please, shut that window
Don't forget to post my letter
Don't tell your sister
Bring them tomorrow

### Preguntas (emoción especial)

Who did she marry?
What did you say his name was?
When is he coming?
How much?